新时代青少年
制度自信教育

■ 王宏舟　著

Xinshidai Qingshaonian
Zhidu Zixin Jiaoyu

目　　录

绪　论

随着全球化的日益深化，社会主义制度与资本主义制度之间的关系也不断呈现新的变化。不论是对抗还是长期并存，两种力量的此消彼长已是常态。苏联解体的历史剧变，更是使世界社会主义运动受到严重影响，社会主义制度也一度被资本主义国家所诟病。与此同时，西方思潮不断侵蚀和扰乱民心，企图消解中国民众尤其是青少年对中国特色社会主义制度的自信。

中国特色社会主义制度架构下，经过改革开放我国经济发展取得举世瞩目的成绩，已成为世界第二大经济体；中国在世界格局中的地位也愈益从边缘走向中心。中国已经实现了“三次伟大飞跃”，开启了实现中华民族伟大复兴的历史新征程。中国共产党领导人民取得的经济社会发展成就彰显了中国的制度优势。当前，培养中国特色社会主义事业的合格建设者和可靠接班人，必须引导广大青少年充分认识中国特色社会主义制度的强大生命力与巨大优势，进一步坚定制度自信。制度自信是国民对国家的根本认同，是国家精神面貌的根本体现。制度自信的树立对治国理政的长期性稳定性具有极其重大的意义。制度自信的培养离不开学校教育。习近平总书记强调，“要把制度自信教育贯穿国民教育全过程，把制度自信的种子播撒进青少年心灵”①。青少年是国家未来的主力，应当成为制度自信教育的首要对象。

一、制度自信的内涵

制度自信是处于某种共同体的人们在对制度的深刻认识与正确把握之上，形成的对这一制度的积极认知与评价。制度自信，首先是制度认知、制度认同，

① 习近平谈治国理政(第3卷)[M].北京：外文出版社，2020：129.

在此前提下方能形成制度自信。中国特色社会主义制度自信，就是指人民群众对中国特色社会主义制度所赖以建立的理论基础、推动社会进步和创新发展的显著优势及其未来发展前景的认同与自信。历史证明，中国特色社会主义制度具有优越性与先进性。尤其是面对突如其来全球肆虐的新冠肺炎疫情，在中国共产党的全面领导下，疫情迅速得到控制。环顾全球，未有一国能够如中国般全国一盘棋，以极高的效率稳住局面，保证人民生命健康、财产的安全与社会发展的有序与稳定。在这一重大成就的背后发挥决定作用的就是制度。这再次验证了中国特色社会主义制度的优越性。

制度自信的主体是在制度体系下进行社会活动的人。从人类交往活动产生以来，人就存在于一定范围的社会秩序中。中国最早的制度产生于商周时期，随着生产力的发展，社会生产关系不断发生变革，其深层次原因就体现在制度的变革之中。制度主体对制度的认识程度，决定了其对制度的认同程度，进而决定了能否形成制度自信。从总的制度对比而言，社会主义制度晚于资本主义制度产生，社会主义社会与资本主义社会在社会发达程度上存在较大差距，因而从表象看，容易让人误认为资本主义制度优于社会主义制度。但正如马克思所说，“理论一经群众掌握，也会变成物质力量”。[①] 当主体从理论上认识到不同社会制度的本质，就能够真正辨别哪种制度更加先进，从而形成对制度的不同态度。

制度自信的客体是制度本身。制度自信的主体对制度的认同，前提是制度本身是科学合理的、先进的、符合制度主体根本利益的。中国共产党在制度建设上始终坚持全心全意为人民服务的根本宗旨，形成了以民主集中制为核心的人民代表大会制度。党的十八大以来，党中央高度重视制度建设。习近平总书记多次发表了关于制度建设的重要论述，为新时代制度建设指明了前进的方向。不仅如此，党的十八届三中全会、十九届四中全会紧紧聚焦中国特色社会主义制度和国家治理，全面布局新时代制度建设。这在中国特色社会主义事业的发展中具有重要的地位。中国特色社会主义制度的不断完善，不仅致力于中国人民自身发展需要，还致力于全人类共同利益的满足，始终沿着人类社会发展规律的方向推进。

---

① 马克思恩格斯选集(第1卷)[M].北京：人民出版社，2012：9.

制度自信的形成依赖于社会自上而下的引导机制与自下而上的反馈机制协同作用。正如列宁所言，工人的社会民主主义意识只能从外面灌输进去，而不可能本来就有。[①] 人民群众制度自信的养成，也需要经过理论知识界的宣传、教育、引导才能进入群众的头脑。当然，不同主体受教育程度及其所处的环境不同，对制度自信教育的接受能力也有所差异，这就需要发挥好学校、机关单位、社会组织的作用。同时，要对现实中存在的制度自信教育中的薄弱环节进行及时反馈与改进。

二、制度自信教育的必然性

（一）治国理政的根本性问题

制度水平是一个国家的执政者治国理政能力的根本体现和人类文明程度的核心标志。在人类社会的发展中，社会生产力是社会发展的根本动力，但是，生产者必须在一定的交往关系（生产关系）中才能形成社会生产力；经济基础决定着上层建筑，所以，社会政治经济制度的水平从根本上反映了经济社会的发展程度，并集中标志着社会的文明程度。

党领导人民进行革命、建设和改革，首先都聚焦于制度的变革。革命就是根本的改造，就是要推翻旧的政权和旧的国家制度，建立起新的人民当家作主的政权和制度。1949 年 9 月召开的第一届中国人民政治协商会议和通过的《共同纲领》，规定了新中国的国体和政体。在新的政权体系和政治制度的条件下，我国又进行了经济制度的变革，从而在 1956 年确立了中国的社会主义制度。改革开放后，党领导人民把社会主义制度与我国具体国情相结合，形成了中国特色社会主义制度。新中国成立 70 多年来，不断完善的国家制度为中国社会发展和文明进步提供了重要制度保障。

中国社会主义建设道路的探索过程，说到底，就是社会主义制度如何进一步与中国的具体国情和现实实践相结合的问题。在社会主义建设时期，一方面，人民当家作主的政治制度和高度集中的计划经济，极大地提高了广大人民生产积极性和社会主义建设的效率；另一方面，逐渐僵化的体制和强调意识形态领域斗

---

① 列宁选集（第 1 卷）[M].北京：人民出版社，2012：7.

争，也使我国社会主义建设遭受了一定的挫折。在对历史经验和教训的总结中，邓小平明确指出："领导制度、组织制度问题更带有根本性、全局性、稳定性和长期性。"①这是一个重要论断，表明了在推进社会主义的建设与发展中，在新的基本制度确立的条件下，要更直接地依靠制度的力量来推进经济的发展和社会的进步。所以，党内要加强制度建设，国家也要加强经济制度和政治制度的建设。在宏观上看，改革开放，就是要改革经济体制和政治体制，就是要通过不断地完善和发展中国特色社会主义制度，推进中国的社会主义现代化建设。

制度建设不仅是手段，也是目的。1992 年，邓小平在南方谈话中进一步提出："恐怕再有三十年的时间，我们才会在各方面形成一整套更加成熟、更加定型的制度。"②党的十四大明确提出："到建党一百周年的时候，我们将在各方面形成一整套更加成熟、更加定型的制度。"③

历经改革开放 30 多年的伟大实践，中国特色社会主义进入新时代。党的十八届三中全会提出了全面深化改革的总目标就是推进国家治理体系和治理能力的现代化。习近平总书记说："党的十一届三中全会是划时代的，开启了改革开放和社会主义现代化建设历史新时期；党的十八届三中全会也是划时代的，开启了全面深化改革、系统整体设计推进改革的新时代，开创了我国改革开放的新局面。"④显然，新时代重点就是全面深化改革，进一步聚焦于系统性整体性的制度攻坚。

（二）治国理政的规律性认识

历经 6 年的全面深化改革，到 2018 年党的十八届三中全会提出的 336 项重大改革举措，95%已经得到了落实。历经 40 多年的改革开放，到 2021 年社会主义制度与中国国情、时代特征进一步得到了结合，中国特色社会主义制度更加成熟更加定型。这意味着中国共产党对于治国理政已经有了规律性的认识，对于社会主义建设规律、人类社会发展规律也有了更深刻的认识。

党的十九届四中全会通过的《中共中央关于坚持和完善中国特色社会主义

---

① 邓小平文选(第 2 卷)[M].北京：人民出版社，1994：333.

② 邓小平文选(第 3 卷)[M].北京：人民出版社，1993：372.

③ 中共中央文献研究室.十四大以来重要文献选编(上)[M].北京：人民出版社，1996：47.

④ 中国共产党第十九届中央委员会第四次全体会议文件汇编[G].北京：人民出版社，2019：73.

制度、推进国家治理体系和治理能力现代化若干重大问题的决定》(以下简称《决定》)阐述了中国特色社会主义制度与国家治理之间的关系。任何一个国家的制度总是与国家治理密切相关。中国特色社会主义制度亦是如此,坚持马克思主义的指导,立足于中国的实际,科学总结了中国制度发展史的有益经验。所以,中国特色社会主义制度是具有强大生命力的制度,是深得人民拥护的制度,也是能为中国带来“善治”的制度。而今,我们党已经顺利完成了第一个百年奋斗目标,正朝着第二个百年奋斗目标阔步前行,亟须坚持和完善中国特色社会主义制度体系。

《决定》科学概括了中国特色社会主义制度的13个方面优势。13个方面的制度优势各有侧重,集中体现了我们党在治党治国治军方面的制度成就,既是对历史的总结,也是对未来的开创,具有很强的现实指导意义。因此,中国特色社会主义制度是优势十分明显的制度,需要我们认真探索和总结制度优势,将制度优势融入制度自信教育中来,切实增强青少年的制度自信。

《决定》明确提出了“三步走”的奋斗目标。第一步,就是要到中国共产党成立100周年的时候,使我们的各项制度更加成熟、更加定型、更加稳定,发挥出制度效力。第二步,就是到2035年的时候,我国的各项制度更加完善,基本实现国家治理体系和治理能力现代化。第三步,就是到新中国成立100周年的时候,中国特色社会主义制度将得到进一步巩固,制度优势也将更加充分地展现。“三步走”的奋斗目标,勾勒了中国特色社会主义制度的路线图,是必须长期坚持的。

《决定》指明了新时代该如何坚持和完善中国特色社会主义制度的重大问题。无论是提高党科学执政、民主执政、依法执政水平,还是发展社会主义民主政治;无论是构建职责明确、依法行政的政府治理体系,还是推动经济高质量发展;无论是满足人民日益增长的美好生活需要,还是强化对权力运行的制约和监督;等等;这些重要论断清晰指明了“中国之治”亟待解决的重点和关键。

综上所述,《决定》作为推进国家治理体系和治理能力现代化的纲领性文献,对中国特色社会主义制度建设进行了总体谋划和系统安排,是坚持和完善中国特色社会主义制度的政治宣言和行动纲领,彰显了中国共产党人的制度自信。

(三)治国理政的基础性所在

国家治理体系和治理能力,就是制度和制度执行力问题。党的十八届三中全会把全面深化改革的总目标定为完善和发展中国特色社会主义制度，推进国家治理体系和治理能力现代化，把中国特色社会主义制度的优越性和实践性密切地结合在了一起，突出了如何使"中国之制"转向"中国之治"，强调了治国理政的关键所在。

从"中国之制"到"中国之治"，首先是"中国之制"的优越性。制度是治理的依据，制度的性质和水平决定治理的方式和成效。"中国之制"具有中国共产党强有力的领导优势，有依靠人民上下同心的力量优势，有集中力量办大事的效率优势，有目标远大崇高的引领优势，等等。这些优势是"中国之治"的基础。

从"中国之制"到"中国之治"，青少年是未来"中国之治"的关键主体。加强并引导青少年对中国特色社会主义制度的认知与认同，是培养青少年制度自信的重要前提，是塑造青少年未来国家治理主体意识的必然途径。"制度的生命力在于执行"，在青少年制度自信教育中培养青少年对中国特色社会主义制度的认知、认同、信仰以及维护意识，从而形成自觉尊崇制度、严格执行制度、坚决维护制度的后发力量。中国特色社会主义进入新时代以来，国际国内形势面临新的巨变，制度的较量是决定国家未来发展的根本性因素。因此，要深刻认识青少年制度自信教育的重要性与紧迫性，切实让青少年认识到我国制度优势，并将这种认识转化为青少年的制度自信，为未来国家治理体系与治理能力现代化打好基础。

三、青少年制度自信的培养

青少年制度自信的培养是社会主义教育发展方向的基本要求。2016 年，习近平总书记在全国高校思想政治工作会议上指出，我国高等教育的发展方向要"为巩固和发展中国特色社会主义制度服务"①。这就必然要求教育好青少年一代，增强青少年的制度自信。作为社会主义意识形态的核心意识，制度自信既是中华民族伟大复兴及至共产主义理想信念的现实基础，也是社会主义核心价值观的客观条件。因此，培养青少年的制度自信是学校思想政治教育的重要任

① 习近平在全国高校思想政治工作会议上强调：把思想政治工作贯穿教育教学全过程 开创我国高等教育事业发展新局面[N].光明日报，2016-12-09.

务，也是学校解决“培养什么人、怎样培养人、为谁培养人”这一根本问题的关键所在。

青少年制度自信的培养问题是一个大课题，是一个常抓常新、不断在教育实践中得到丰富和发展的问题，是思想政治教育规律在新的时代背景下不断得到认识和实践的过程。进入新时代以来，一大批思想理论教学的研究者、教学者，一大批思想政治工作的管理者、实践者，一大批教育学家、伦理学家、心理学家，进行了不懈的耕耘、经验总结和学术研究，取得了丰富的成果，并不断推动着青少年制度自信培养的向前发展。我们汲取前人的成果，认真学习领会习近平总书记关于学校思想政治教育、关于社会主义制度自信的相关论述，深刻把握党的十九届四中全会和十九届六中全会关于中国特色社会主义制度建设和坚定中国特色社会主义制度自信的精神，在总结大中小学一体化思想政治教育和工作的现实经验基础上，从马克思主义理论、政治学、法学、教育学、心理学、社会学等方面进行学术研究，以问题为导向，注重实践性、操作性的对策思考，力图做到学理性、对策性的结合，希望在学理上说透，在实践上有所启发。为此，我们立足新时代新要求，力图从以下三个方面尝试对新时代青少年制度自信教育进行较为全面的探究。

一是进一步明确青少年制度自信教育的核心内容。《中共中央关于党的百年奋斗重大成就和历史经验的决议》指出，“坚定中国特色社会主义制度自信首先要坚定对中国特色社会主义政治制度的自信”①。制度自信教育的关键是要讲清楚中国特色社会主义制度的核心内容。中国特色社会主义制度是一个全方位的理论体系，从层次上分为根本制度、基本制度、重要制度以及具体制度，从重点领域划分为政治制度、经济制度、文化制度、社会制度、军事制度等。厘清中国特色社会主义制度体系及其具体制度的本质、内涵及其比较优势，是增强青少年制度认知与认同的基本前提。

二是进一步规划青少年制度自信教育的实践路径。课堂教育无疑承担着制度自信教育的主力任务，应突破传统的教学为主模式，大力推进教学相长，发挥课堂教育的双主体作用。同时，课堂教育以理论知识为主，理论只有运用于实践

① 中国共产党第十九届中央委员会第六次全体会议文件汇编[G].北京：人民出版社，2021：64.

才能成为活的理论，因而在理论教学的同时，应强调实践育人效果。网络技术的兴起，给青少年带来极大的影响，网络育人也逐渐成为可供挖掘的思想政治教育平台。制度自信教育，归根结底要落在构建一个良好的文化环境上，在一个尊崇制度、执行制度与维护制度的环境中，事物的发展就能井然有序、效率显著，并进一步夯实青少年制度自信的养成。

三是进一步构建并完善青少年制度自信教育的保障机制。制度自信能否最终建立，很大程度上取决于制度自信教育活动能否得到有效保障。要加强顶层制度设计、完善师资队伍建设、构建全员育人格局，使新时代青少年制度自信教育落到实处，取得实效。

新时代青少年制度自信教育是带有根本性、全面性和长远性的问题。我们希望通过理论和实践的探索，弥补一些研究空白，助力新时代青少年制度自信教育的实践创新。

王宏舟

2021 年 11 月

第一章　制度自信教育的科学内涵

建党百年，筚路蓝缕。中国共产党领导中国人民创造了世所罕见的“两大奇迹”，中华民族迎来了从站起来、富起来到强起来的伟大飞跃。诞生于改革开放新时期的中国特色社会主义制度，以马克思主义为指导，植根中国大地，深得人民拥护，随着中国特色社会主义伟大实践的深入推进，不断发展、成熟，形成了一个由根本制度、基本制度、重要制度、具体制度共同构成的科学有效、系统完备、逻辑严谨的制度体系，是党带领中国人民和中华民族取得一切进步发展、实现“两个一百年”奋斗目标的重要保障。当今世界正经历百年未有之大变局，教育引导青少年坚定中国特色社会主义制度自信，深刻理解中国特色社会主义制度的本质特征和巨大优越性，进而坚定理想信念、站稳人民立场、练就过硬本领、投身强国伟业，为实现中华民族伟大复兴中国梦而不懈奋斗，具有重大而深远的意义。本章将依次廓清制度、制度自信以及制度自信教育的概念与内涵，并系统梳理习近平总书记关于制度自信系列重要论述，剖析制度自信教育融入国民教育全过程的重大现实意义，为坚持和完善中国特色社会主义制度，巩固和推进国家治理体系及治理能力现代化，以及纵深落实新时代制度自信教育提供动力。

第一节　制度、制度自信与制度自信教育

党的十九届六中全会审议通过的《中共中央关于党的百年奋斗重大成就和历史经验的决议》指出，“党的十九届四中全会着眼于党长期执政和国家长治久安，对坚持和完善中国特色社会主义制度、推进国家治理体系和治理能力现代化

作出总体擘画”[①]。党的十九届四中全会从13个方面系统总结了我国国家制度和国家治理体系的显著优势,中国特色社会主义制度是当代中国发展和社会、经济、文化等各方面取得进步的根本制度保障,集中体现了中国特色社会主义的强大生命力和巨大优越性。在历史与现实、理论与实践的把握中,在时与势、破与立的思考中,推动全党全国各族人民坚定制度自信,强化面向全体国民尤其是青少年的制度自信教育,是全面深化改革的大势所趋,更是实现伟大复兴中国梦的坚强保障。

一、制度

习近平总书记指出,中国特色社会主义制度是当代中国发展进步的根本制度保障,是具有鲜明的中国特色、明显的制度优势、强大的自我完善能力的先进制度。中国特色社会主义制度的强大生命力和巨大优越性,对持续推动中华民族实现“两个一百年”奋斗目标进而实现伟大复兴具有深远意义。

(一)制度的内涵

在一般意义上,制度被定义为约束和调整人们行为和关系的规范,是“由人制定的规则”[②]。制度经济学代表人物诺思认为,制度“是一系列被制定出来的规则、守法程序和行为的道德伦理规范。它旨在约束追求主体福利或效用最大化利益的个人行为”,并将作为行为规则的制度进一步区分为“宪法、执行法和行为规范法则”,其中“宪法是基本法则……执行法包括成文法、习惯法和自愿性契约,在宪法框架内界定交换的条件。行为规范是合乎宪法和执行法的行为准则”。[③]

在政治学和社会学中,制度被定义为“组织中的行为规则、常规和全部程序”。制度可以用来规定某套行为规则并确认其合法性,同时规定社会中成员的地位与责任,决定社会成员的行为模式,并由此形塑社会成员,从而建立结构化的组织规范。汤因比认为,“制度是人和人之间的表示非个人关系的一种手段”,

① 中共中央关于党的百年奋斗重大成就和历史经验的决议[N].光明日报,2021-11-17.

② 柯武刚,史漫飞.制度经济学:社会秩序与公共政策[M].北京:商务印书馆,2001:32.

③ [美]道格拉斯·C·诺思.经济史中的结构与变迁[M].陈郁,罗华平,等译.上海:上海三联书店,上海人民出版社,1994:225—227.

它“在所有的社会里都有”。[①] 根据汤因比的理解，制度是从非个人的层面标识人际关系，是一种工具性的存在，存在于人类社会始终。罗尔斯将“制度理解为一种公开的规范体系。这一体系确定职务和地位及它们的权利、义务、权力、豁免，等等”[②]。罗尔斯对于制度的这种理解，强调的是其规范性及其社会成员权利、义务的根据性。然而，罗尔斯对于制度本身的规范性来源、依据并没做深入揭示。

马克思从生产实践活动出发，将制度的形成归结为生产关系以及与这种生产关系相适应，并维护这种生产关系的社会机构和规则的确立过程。他认为制度的本质就是在社会分工协作体系中不同集团、阶层和阶级之间的利益关系。[③] 在马克思、恩格斯领导国际工人运动的时期，无产阶级政党建设特别是制度建设尚处于探索阶段。但是，马克思、恩格斯仍然提出了一系列即使在今天看来也非常有价值的无产阶级政党制度建设的设想：强化党代表大会的作用，正确认识处理党内的分歧与争论，正确认识集中与民主的关系。[④]

“凡将立国，制度不可不察也。”[⑤]列宁认为党内监督需要必要的条件，因此要不断完善党内监督制度。他指出：“当我们党的活动处于秘密状态的时候，实行这种监督和领导是有巨大的、往往几乎是不可克服的困难的。现在，当党愈来愈公开进行活动的时候，可能而且应该最广泛地实行这种监督和领导，不仅受党的‘上层’的监督和领导，而且受党的‘下层’，受全体加入党的有组织的工人的监督和领导。”[⑥]

（二）中国特色社会主义制度的内涵

中国共产党自始至终坚持将马克思主义同中国改革、发展的实际经验相结合，在深刻总结历史长河、国内国外、正向反向等多方面经验教训的基础上，不断探索实践和改革创新，推动中国特色社会主义自我完善、自我发展，在政

---

① ［英］汤因比.历史研究（上）［M］.曹未风，等译.上海：上海人民出版社，1986：59—60.

② ［美］罗尔斯.正义论［M］.何怀宏，何包钢，廖申白，译.北京：中国社会科学出版社，1988：50.

③ 林岗，刘元春.诺斯与马克思：关于制度的起源和本质的两种解释的比较［J］.经济研究，2000(6).

④ 涂小雨.马克思、恩格斯、列宁关于党的制度建设的阐述及思考［J］.广西社会主义学院学报，2016(6).

⑤ 出自战国《商君书·壹言》.

⑥ 列宁选集（第1卷）［M］.北京：人民出版社，2012：678.

治、经济、文化、社会、生态文明、军事等各方面形成具有中国特色的社会主义制度。中国特色社会主义制度，以人民代表大会制度为根本政治制度，以中国共产党领导的多党合作和政治协商、民族区域自治及基层群众自治等为基本政治制度，以公有制为主体、多种所有制经济共同发展，按劳分配为主体、多种分配方式并存，社会主义市场经济体制等为基本经济制度。此外，还包括建立在这些制度基础上的政治体制、经济体制、文化体制、社会体制等各项具体制度。我国国家治理体系和治理能力现代化是中国特色社会主义制度及其执行能力的集中体现。

关于中国特色社会主义制度，学界从不同角度进行了理论研究和深入探讨，极大地丰富了中国特色社会主义制度的内容内涵和价值意蕴。万光侠认为，制度是具有属人性的规则体系。① 秦宣认为，社会主义制度在中国反映的是最广大人民群众的利益。② 张雷声认为，中国特色社会主义制度“特色”体现在体系特色、属性特色和国情特色三个层面。③ 顾钰民认为，制度决定一个国家的社会性质和经济社会发展的效率。④ 胡鞍钢认为，中国的制度体系更年轻、更具活力、更具变革性。⑤ 郭莉认为，中国特色社会主义制度为多数人谋利益的本质，决定了制度的人民主体性和解决社会基本矛盾的比较优势，通过引导人们透过现象看本质，以增强对“两个必然”的坚定信念。⑥

经过不断研究、深耕与实证，目前一般认为中国特色社会主义制度具有以下三项基本要义：

第一，社会主义基本制度是中国特色社会主义制度的重要前提。中国特色社会主义制度是从中国的社会土壤中生长起来的制度文明成果，是中国共产党带领人民在革命、建设和改革伟大历程中探索出来的科学制度体系。辛鸣认为，中国特色社会主义制度在中国社会落地生根的根源就在于，中国特色社会主义制度不是照搬的制度、模仿的制度、嫁接的制度，而是随着中国实际的国情自然

---

① 万光侠.制度的人学阐释[J].东岳论丛，2016(1).

② 秦宣.完善和发展中国特色社会主义制度论纲[J].探索，2017(2).

③ 张雷声.论中国特色社会主义制度[J].甘肃社会科学，2016(1).

④ 顾钰民.论坚定中国特色社会主义制度自信[J].思想理论教育，2013(12).

⑤ 胡鞍钢.坚定制度自信　让我们的制度成熟而持久[J].理论导报，2014(5).

⑥ 郭莉.基于比较优势的制度自信[J].思想理论教育导刊，2017(4).

演化出来的内生制度。汲取中国社会历史进程中以往制度建设的经验教训，中国特色社会主义制度不搞制度“大跃进”和“乌托邦”，而是将制度建设建立在对社会发展规律的深刻把握与规范运用之上，建立在对中国社会发展阶段的清醒认知和系统把脉之上，建立在对中国特色社会主义的强烈认同和深度实践之上。①

第二，中国特色社会主义制度具有显著优势和制度活力。中国特色社会主义制度有利于充分调动广大人民群众和社会各方的积极性、主动性、创造性，有利于解放和发展社会生产力、推动经济社会全面发展，有利于维护和促进社会公平正义、实现全体人民共同富裕，有利于集中力量办大事、有效应对前进道路上的各种风险挑战，有利于维护民族团结、社会稳定、国家统一。杨雪冬提出，民主政治建设既要善于总结改革创新的实践经验，又要充分借鉴人类政治文明的有益成果，不断提高社会主义民主政治的制度化、规范化和程序化，通过激发制度活力发挥制度优势，为中华民族的伟大复兴提供有力保障。② 曹世红、韩柱提出，为了能够将制度优势进行充分的发挥，要对体制机制发展过程中出现的障碍进行及时消除，进而实现国家治理体系和能力的现代化发展，同时还要将制度的认同不断扩大，对制度自信坚定以后，全方位地提升制度执行力，才能够实现制度的不断发展和完善。③

第三，中国特色社会主义制度是与时俱进、创新发展的。习近平总书记指出，“没有坚定的制度自信就不可能有全面深化改革的勇气，同样，离开不断改革，制度自信也不可能彻底、不可能久远。我们全面深化改革，不是因为中国特色社会主义制度不好，而是要使它更好；我们说坚定制度自信，不是要故步自封，而是要不断革除体制机制弊端，让我们的制度成熟而持久”④。制度绝不是一成不变的。制度更加成熟是一个守正创新的动态过程。改革开放 40 多年取得的伟大成就，极重要的一点就在于，在不断创新中推动着中国特色社会主义制度的完善和发展，用制度创新激起和保障了创造活力的竞相迸发、创造源泉的充分涌

---

① 辛鸣.坚定对中国特色社会主义的自信[J].中共杭州市委党校学报，2012(6).

② 杨雪冬.以制度自信推动民主政治建设[J].紫光阁，2012(12).

③ 曹世红，韩柱.制度自信的三重审思[J].黑龙江省社会主义学院学报，2018(3).

④ 中共中央文献研究室.习近平关于全面深化改革论述摘编[M].北京：中央文献出版社，2014:22.

流。何颖、田宪臣也指出，制度创新与发展是构建社会主义和谐社会的重要条件。因为制度的本质在于形式合理性和实质公正性，当制度的合理性和合法性受到质疑时，制度就可能发生变迁；只有通过制度将利益关系调整至均衡状态时，制度才有可能重新处于均衡状态。制度正是在不断完善和创新中实现社会价值合理性分配的。① 中国特色的社会主义制度创新是逐渐形成的过程。只有不断改革开放，才能使社会主义制度不断创新，才能更好地发挥社会主义制度的优越性。

二、制度自信

习近平总书记在庆祝全国人民代表大会成立 60 周年大会上指出，一个国家的政治制度决定于这个国家的经济社会基础，同时又反作用于这个国家的经济社会基础，乃至起到决定性作用。在一个国家的各种制度中，政治制度处于关键环节。所以，坚定中国特色社会主义制度自信，首先要坚定对中国特色社会主义政治制度的自信，增强走中国特色社会主义政治发展道路的信心和决心。② 制度自信建立于历史与现实、理论与实践的统一中，是坚持和发展中国特色社会主义的时代表达。

（一）制度自信的内涵

自信是以主体自觉为前提，对事物重要作用的高度认同，是人的一种主观特征和心理状态。制度自信则表示处于某种共同体的人们基于对制度的深刻认识和正确把握，以及形成的对这一制度的积极认知和评价。制度自信从内心激发人们的主体担当意识，能够为人们提供强大的精神支撑和动力源泉。中国特色社会主义制度自信，就是指人民群众对中国特色社会主义制度所赖以建立的理论基础、推动社会进步和创新发展的显著优势，以及对未来发展前景的认同与自信。科学的理论指导、深厚的历史底蕴、鲜明的价值取向、开放的精神特质、丰富的实践成果，是包括青少年在内的全体中国人民对自己的国家制度和国家治理体系拥有坚定自信的根本所在。

---

① 何颖，田宪臣.对中国特色社会主义制度创新的认识[J].攀登(双月刊)，2011(1).

② 习近平.在庆祝全国人民代表大会成立 60 周年大会上的讲话[M].北京：人民出版社，2014：19.

中国特色社会主义制度自信具有深刻的理论逻辑、实践逻辑、历史逻辑，可划分为“制度认知—制度认同—制度自觉—制度自信”螺旋式上升的4个阶段。目前学界对制度自信的内涵理解主要体现在对中国特色社会主义制度的坚定信心和强烈认同。张泽强认为，制度自信源于“对中国特色社会主义制度确立和发展的深刻体悟”①。林尚立认为，制度自信的依据是“制度建构的主体性、制度发展的现代性、制度运行的有效性、制度规范的法治性”②。近年来，学界在研究制度自信内涵和依据基础上，深入挖掘制度自信实现的路径。大多数学者认为，制度不完善必然会导致制度不自信；只有做到不断完善制度，才会为制度自信提供源源不断的动力。因此，必须要“完善不完善的制度，废除已经过时的制度”③。此外，张帆认为，制度自信的依据来自“社会成员对制度优越性的认知态度，需大力挖掘和积极构筑形式多样、覆盖面宽的综合性传播体系，准确把握制度传播的有效方法，有利于让制度自信本身散发出来的功能和机制得到最大化的发挥”④。

（二）制度自信的功能

中国特色社会主义制度是党和人民在长期实践探索中形成的科学制度体系，是国家治理体系和治理能力现代化的执政范本。深入探讨中国特色社会主义制度自信的价值逻辑，寻求坚守制度自信的内在动力，探讨坚持制度自信的实践路径，对于消解除负面认识、进而坚定制度自信具有重要意义。

从制度自信的价值意蕴来看，制度自信是实现伟大复兴中国梦的动力和精神支撑。强亦忠、许红提出，自信是一个国家、一个民族不断奋进的强大动力和精神支撑。只有足够的自信，才能使我们真正自立于世界民族之林，开创未来，实现伟大复兴中国梦。制度自信是指人们对政治制度自发萌生和成长起来的一

---

① 张泽强.道路自信、理论自信、制度自信的基本内涵浅析[J].中共贵州省委党校学报，2013(2).

② 林尚立.把握自身逻辑　创造中国奇迹　中国制度是自主建构并合发展规律的[J].理论导报，2015(5).

③ 平飞.制度创新与制度自信：马克思主义中国化的重要维度[C].“历史唯物主义与民族复兴之路”全国理论研讨会论文集，2013.

④ 张帆.关于制度自信的理论思考[J].求实，2015(9).

种信念和信心。[①] 制度自信能够推动国家治理现代化。陈金龙、杨亮认为，制度自信与国家治理现代化之间存在显著的互动关系，制度自信能为推进国家治理现代化创造条件。[②] 陈建兵、梅长青提出，增强和提升政治制度自信有利于维护国家政治意识形态的安全，正确评价政治体系的改革，以及坚持正确方向深化政治体制改革。[③] 制度自信有助于促进全面深化改革。许丽丽认为，制度自信问题有利于进一步促进改革和发展，为全面深化改革提供更大的勇气。坚定社会主义制度自信，既包含对这一制度的坚定信念，又包含对这一制度局限性的冷静思考，从制度的层面理性看待这一制度的优势与弊端，更好地发挥中国特色社会主义制度的引擎和保障作用，推动全面深化改革。[④]

从制度自信的现实逻辑来看，首先，中国特色社会主义制度以马克思主义为理论指导。周建超认为马克思主义意识形态代表着社会进步的发展方向，其内涵的科学性、人民利益观以及公平正义的价值目标为中国特色社会主义制度自信提供了重要的理论基础。[⑤] 其次，中国特色社会主义制度深扎于“中国土壤”，具有鲜明的中国特色。杨宗科提出中国特色社会主义制度建设有着深厚的历史底蕴和丰富的文化传承，是产生和建立在中国特色社会主义实践基础上的，是历史的选择。[⑥] 宇文利强调制度自信建立在人们对制度创立和制度实施的过程有深刻理解和认同基础之上。[⑦] 汪青松也指出社会主义革命和建设所确立的四项基本原则是新中国的立国之本和制度自信之本。[⑧] 再次，中国特色社会主义制度在实践检验中得以确证。程竹汝强调“中国之治”的事实构成了制度自信的客观依据，中国特色社会主义的制度优势构成了制度自信的基本依据。[⑨] 陈朋指

① 强亦忠，许红.制度自信：多党合作和政治协商制度发展和完善的重要保证[J].江苏省社会主义学院学报，2019(1).

② 陈金龙，杨亮.论制度自信与国家治理现代化的互动关系[J].思想理论教育，2020(1).

③ 陈建兵，梅长青.论中国特色社会主义政治制度自信的提升路径[J].北京联合大学学报(人文社会科学版)，2018，16(4).

④ 许丽丽.反腐倡廉建设中的制度意识培养问题探讨[J].学校党建与思想教育，2014(6).

⑤ 周建超.马克思主义意识形态视阈下的制度自信[J].理论前沿，2019(6).

⑥ 杨宗科.制度自信的历史逻辑[J].理论探索，2020(1).

⑦ 宇文利.新中国70年与中国特色社会主义制度自信[J].学术论坛，2019(4).

⑧ 汪青松.论新中国70年发展的制度自信[J].当代世界与社会主义，2019(3).

⑨ 程竹汝.论坚定中国特色社会主义制度自信的若干依据[J].中共中央党校(国家行政学院)学报，2020，24(1).

出制度建设的演变规律表明，坚定的制度自信不仅源于社会主义制度自身蕴含的科学性系统性以及所表现出的强大感召力，而且源自制度改革创新的鲜明特质和其蕴含的强大的生命力。①

（三）制度自信的辨析

习近平总书记在中央政治局第十七次集体学习时就曾强调，各级党委和政府以及领导干部要增强制度意识，善于在制度的轨道上推进各项事业。新中国成立尤其是改革开放以来，创造了人类社会发展史上惊天动地、载入史册的发展奇迹，充分证明了中国特色社会主义制度的鲜明优越性。要深刻理解中国特色社会主义制度的优势，需在切身感悟中坚定制度信仰、强化制度意识、深化制度认同、实现制度自觉。

制度自信的基础源于对马克思主义的信仰。党的十九届四中全会通过的《中共中央关于坚持和完善中国特色社会主义制度、推进国家治理体系和治理能力现代化若干重大问题的决定》指出，“中国特色社会主义制度和国家治理体系是以马克思主义为指导、植根中国大地、具有深厚中华文化根基、深得人民拥护的制度和治理体系”。对马克思主义的崇高信仰是我们党对中国特色社会主义制度的自信源泉。马克思主义的科学性、人民性、实践性和开放性共同形塑了一个坚实的信仰体系，在制度体系建设中发挥着灵魂的引领作用，并支撑着社会制度体系的发展与完善。②

制度自信是制度意识的有机组成。董海军认为，中国特色社会主义制度意识是民众的制度认知、制度自觉、制度自律和制度自信的有机统一。既是政治实践性与动态稳定性的统一，也是历史经验总结和现实发展需要的统一；既是制度尊崇、制度执行、制度自强的统一，也是一般制度意识和个别制度意识的统一。制度意识对于全面深化改革、推进国家治理体系和治理能力现代化、促进社会主义市场经济持续健康发展和社会主义先进文化建设具有积极意义。③

制度自信的核心在于增强对制度的认同之情。制度创造了人们在政治、社

---

① 陈朋.制度创新与制度自信：中国特色社会主义制度成长的基本逻辑[J].学海，2018(1).

② 辛向阳.夯实中国特色社会主义的信仰基础[J].中国特色社会主义研究，2012(5).

③ 董海军.关于中国特色社会主义制度意识的思考[J].华南师范大学学报(社会科学版)，2020(2).

会和经济等方面有序交换的良好激励结构；制度变迁决定了社会演进的方式。在社会主义新时期，没有一个好的监督制度和行之有效的社会主义监督与制约机制，要防止权力的滥用，遏制和消除腐败现象是不可能的，法律的生命和权威都在于严格执行，“法善而不循法，法亦虚器而已”①。人们只有对制度产生深深的敬畏，用制度保证这种敬畏之心长久地维系下去，才能有效地防止腐败的发生。这是历史的警示，更是现实的使命，应该奋发作为。②

制度自信的发展指向是坚持和完善中国特色社会主义的制度自觉。即对坚持、完善并巩固发展中国特色社会主义制度具有高度的自觉性和主动性，充分认识制度建设的重要性，积极应对制度挑战，以主动的行为推动中国特色社会主义制度创新发展。占伊扬认为，制度自觉是秉持主动意识，坚持以实践基础上的理论创新推动制度创新，坚持和完善现有制度，构建系统完备、科学规范、运行有效的制度体系，使各方面制度更加成熟、更加定型，为取得中国特色社会主义新胜利提供更加有效的制度保障。③

（四）制度自信的体系

习近平总书记在庆祝中国共产党成立95周年大会上指出，中国共产党人坚持不忘初心、继续前进，就要坚定道路自信、理论自信、制度自信、文化自信。有了这“四个自信”，就能坚定不移开辟新天地、创造新奇迹。其中道路是实现途径，理论是行动指南，制度是根本保障，文化是精神力量。在2020年举行的教育文化卫生体育领域专家代表座谈会上，习近平总书记再次强调，“要深化党的创新理论学习教育，推动理想信念教育常态化制度化，加强党史、新中国史、改革开放史、社会主义发展史教育，加强爱国主义、集体主义、社会主义教育，引导人们坚定道路自信、理论自信、制度自信、文化自信，促进全体人民在思想上精神上紧紧团结在一起”。④ 总体而言，中国特色社会主义道路自信、理论自信、制度自信、文化自信同属中国特色社会主义的总范畴。四者之间存在内在的逻辑辩证关系。

---

① 沈家本.历代刑法考[M].北京：中华书局，1985：47.

② 包心鉴.强化制度意识与廉政文化建设[J].中国党政干部论坛，2016(2).

③ 占伊扬.强化自我监管意识是制度建设的关键[J].中国医疗保险，2018(5).

④ 习近平.在教育文化卫生体育领域专家代表座谈上的讲话[M].北京：人民出版社，2020：6.

在"四个自信"体系结构中，制度自信既体现出与道路自信、理论自信、文化自信在价值和目的上的高度一致性，又体现出自身在作用和地位上的特殊规律性。一方面，制度自信是"四个自信"的根本保障，是中国特色社会主义道路沿着中国特色社会主义正确方向顺利发展、通过社会主义先进文化广泛凝聚人民精神力量、通过马克思主义在意识形态领域夯实指导地位的强有力保证。另一方面，"四个自信"为制度自信提供了内在支撑。道路自信为制度自信提供了方向引领和理路遵循，理论自信为制度自信提供了理论指导和价值原则，文化自信为制度自信提供了精神标识和力量源泉。"四个自信"的内在逻辑表现出共通性、有机性和层递性，并作为一个具有丰富内在逻辑的有机整体，立足道路、理论、制度、文化自信的价值意蕴，重点讲清楚制度自信的道路底色、理论底气、文化底蕴和制度府图，必将有利于全方位支撑并推动中国特色社会主义现代化建设实践。

三、制度自信教育

党的十九届四中全会闭幕后，时任教育部党组书记、部长陈宝生强调教育系统要把思想和行动统一到全会精神上来，把学习贯彻全会精神贯穿于教育工作全过程和各个方面。现代教育体系的构建重点在于，建立贯穿人一生的教育体系，将制度自信融入国民教育全过程，充分认识中国特色社会主义的制度优势，是坚定制度自信的必然要求。

（一）制度自信教育的内涵

制度自信教育以贯彻落实《中共中央关于坚持和完善中国特色社会主义制度、推进国家治理体系和治理能力现代化若干重大问题的决定》和习近平总书记关于制度的重要论述为指导，以中国特色社会主义制度为主线，通过制度认知、制度认同、制度信仰和制度维护四个维度把制度自信教育融入国民教育全过程，从"知、情、意、行"四个环节，逐步实现制度自信教育由表层向深层不断发展的状态，将制度自信的种子播撒进青少年心里，增强青少年对中国特色社会主义制度的认同与参与，内化于心、外化于行，自觉尊崇制度、严格执行制度、坚决维护制度。

从总体要求来看，制度自信教育以马列主义、毛泽东思想、邓小平理论、

“三个代表”重要思想、科学发展观、习近平新时代中国特色社会主义思想为指导，与青少年法治教育、国家安全教育、爱国主义教育、社会主义核心价值观教育等目标相互融合、相互关联、相互促进。其本质目标都是通过一系列富有成效的举措保障广大人民民主权利的实现，培养人民对中国特色社会主义制度的自豪感、认同感，并将这种积极的情感与制度建设联系起来，增强前进的动力。

从基本内容来看，制度自信教育与爱国主义教育、社会主义核心价值观教育、民族精神教育、公民道德教育同脉一体，建立在对中国制度、中国道路发展规律之上，根植于中华民族深厚的文化传统、独特的基本国情，既借鉴国际先进经验又独具特色，既遵循普遍规律又不断创新，吸收借鉴各种先进文化，浸润于中国文化传统和社会现实，为全体公民普遍认同且自觉遵守。

从教育主体及受众群体来看，承担制度自信教育主体责任的各级党委和政府，积极发挥指导和协调作用，广泛调动家庭、学校和社会，形成合力；各级工会、共青团、妇联及关工委等人民团体和群众组织积极发挥各自优势，广泛开展教育活动，将制度自信教育协同社会主义核心价值观教育、爱国主义教育等融入新时代中国特色社会主义的制度建设中。制度自信教育面向的是全体公民，注重突出教育的群众性，从而夯实国民的思想政治基础；针对青少年，突出教育的具象性，加强青少年的世界观、人生观和价值观教育。

从教育形式来看，制度自信教育采取课程建设、宣传教育、实践活动等多种形式，结合中小学“道德与法治”课程、高校思政课等，纳入大中小学不同学段；发挥主流媒体、网络传媒等舆论环境的建设优势，凝聚对于制度自信教育的舆论引导合力；利用庆祝新中国成立 70 周年、中国共产党成立 100 周年等重大纪念活动的契机，发挥仪式教育的涵育功能，引导青少年树立对中国特色社会主义的强大认同，培养和造就有理想、有道德、有文化、有纪律的德、智、体、美、劳全面发展的社会主义建设者和接班人。

（二）制度自信教育的理路

在高校社科界召开的学习贯彻十九届四中全会精神座谈会上，来自高校马克思主义理论以及公共管理等不同学科的专家及学者一致认为，要勇担责任和使命，在坚持和完善党的领导制度体系上不动摇，在加强制度理论研究上出成效，在把制度自信教育贯穿教学科研育人全过程上见行动，在推动中国学术走出去上提速度，在提升科研治理能力上求突破，把制度优势更好地转化为教育治理现代化的效能。①

首先，人民立场是坚定制度自信的内部依据。坚定制度自信，必须提供坚实的理论支撑和现实依据。张宇从四个方面论述了坚持制度自信的学理依据，即理论科学是前提条件，以人为本是价值取向，民主集中是根本原则，与时俱进是先进品格。② 常丹、李晶、申罩认为中国的制度首先是人民的制度，深刻反映了以人民为中心的价值取向，因此提出人民性是坚定制度自信的内在依据。③

其次，制度自信与思想政治教育的互馈关系。郗波认为，中国特色社会主义制度蕴含的价值要素，一方面为思想政治教育提供了制度支撑，另一方面与思想政治教育本身高度相契合。以制度自信开展思想政治教育，既遵循了思想政治教育的基本规律，又为其合法性提供了保障。两者在坚持政治本质与内容形式上达成统一。正是这种政治性，贯穿着制度自信和思想政治教育形成的内在一致的互馈逻辑。④

再次，将制度自信教育融入青少年教育道德教育的重要性。青少年是国家的未来和希望，教育和引导广大青少年坚定制度自信，是确保中国特色社会主义事业薪火相传、永续发展的基础。制度自信教育是大中小学贯彻党和国家教育方针，落实立德树人根本任务的重要内容。开展制度自信教育不仅是大中小学坚持马克思主义指导地位的具体表现，有助于培育青少年学生对中国特色社会主义制度的认同和维护，培养中国特色社会主义事业合格建设者和可靠接班人，也是学校思想政治理论课教育教学的重要任务，以及高校思政课改革创新的重要切入点。⑤

---

① 柴如瑾.把制度自信教育融入国民教育全过程——教育部深入学习贯彻党的十九届四中全会精神[N].光明日报，2019-11-21.

② 张宇.当代大学生中国特色社会主义制度自信教育研究[D].长春：东北师范大学，2016.

③ 常丹，李晶，申罩.推动“四个自信”教育在“概论”课程教学中的实施[J].思想政治教育研究，2019(2).

④ 郗波.制度自信与思想政治教育的互馈关系[J].文教资料，2018(24).

⑤ 高鑫.论“八个相统一”对加强中国特色社会主义制度自信教育的适用性[J].学校党建与思想教育，2020(14).

第二节　习近平对制度自信教育的相关论述

习近平总书记强调,“要把制度自信教育贯穿国民教育全过程,把制度自信的种子播撒进青少年心灵”①。中国特色社会主义是中国共产党和中国人民百年薪火相传、永续奋斗的根本成就,是中国改革开放40多年实践经验的根本总结,凝结着实现中华民族伟大复兴中国梦的现实伟力,体现了近代以来人类对社会主义的美好憧憬和不懈探索。习近平总书记的一系列重要论述不仅明确了制度自信教育的关键对象、发展方向和核心要义,也为新时代青少年制度自信教育的创新探索提供了重要的理论基础。

一、习近平总书记相关论述的主要内容

以习近平同志为核心的党中央高度重视中国特色社会主义制度建设、制度自信以及制度自信教育,习近平总书记在多个重要场合针对中国特色社会主义制度做出了许多相关指示与论述。一系列关于中国特色社会主义制度优势的理论表述与实践经验表明,坚定中国特色社会主义制度自信,明确制度自信的方向与根本,深刻把握中国特色社会主义制度发展的历史逻辑、理论逻辑与实践逻辑,具有重要的历史性、实践性、群众性和创新性。

(一)习近平总书记关于制度的相关论述

中国特色社会主义制度是具有多方面显著优势的国家制度。它根植于中华民族悠久而深远的历史文明,经历了中国人民筚路蓝缕的艰苦奋斗,符合中国国情、契合人民需要。2019年9月24日,习近平总书记在十九届中央政治局第十七次集体学习时强调,中国特色社会主义国家制度和法律制度,植根于中华民族5000多年文明史所积淀的深厚历史文化传统,吸收借鉴了人类制度文明有益成果,经过了长期实践检验。② 2019年10月31日,习近平总书记在党的十九届四

① 习近平谈治国理政(第3卷)[M].北京:外文出版社,2020:129.

② 习近平在中央政治局第十七次集体学习时强调:继续沿着党和人民开辟的正确道路前进　不断推进国家治理体系和治理能力现代化[N].光明日报,2019-09-25.

中全会第二次全体会议上指出，制度优势是一个国家的最大优势。制度竞争是国家间最根本的竞争。制度稳则国家稳。新中国成立70年来，中华民族之所以能迎来从站起来、富起来到强起来的伟大飞跃，最根本的是因为党领导人民建立和完善了中国特色社会主义制度，形成和发展了党的领导和经济、政治、文化、社会、生态文明、军事、外事等各方面制度，不断加强和完善了国家治理。[①] 一个国家选择什么样的国家制度和国家治理体系，是由这个国家的历史文化、社会性质、经济发展水平决定的。中国特色社会主义制度和国家治理体系不是从天上掉下来的，而是在中国的社会土壤中生长起来的，是经过革命、建设、改革长期实践形成的，是马克思主义基本原理同中国具体实际相结合的产物，是理论创新、实践创新、制度创新相统一的成果，凝结着党和人民的智慧，具有深刻的历史逻辑、理论逻辑、实践逻辑。2020年2月3日，习近平总书记在中央政治局常委会会议研究应对新型冠状病毒肺炎疫情工作时指出："我在会见世界卫生组织总干事谭德塞时，谭德塞表示，中方行动速度之快、规模之大，世所罕见，这是中国的制度优势，有关经验值得其他国家借鉴，相信中国采取的措施将有效控制并最终战胜疫情。"[②]2020年9月8日，习近平总书记在全国抗击新冠肺炎疫情表彰大会上的讲话中指出，抗疫斗争伟大实践再次证明，中国特色社会主义制度所具有的显著优势，是抵御风险挑战、提高国家治理效能的根本保证。我国社会主义制度具有非凡的组织动员能力、统筹协调能力、贯彻执行能力，能够充分发挥集中力量办大事、办难事、办急事的独特优势。这次抗疫斗争有力彰显了我国国家制度和国家治理体系的优越性。[③] 习近平总书记关于中国特色社会主义制度优势的相关论述，深刻阐明了中国特色社会主义制度的由来、发展及特点，及其对于治国理政、抗击风险挑战冲击方面的重大作用，有效论证了中国特色社会主义制度有效运行、行稳致远的内在根源，为制度自信提供了稳固的基本盘和坚实的落脚点。

---

① 习近平谈治国理政(第3卷).[M].北京：外文出版社，2020：119.

② 习近平.在中央政治局常委会会议研究应对新型冠状病毒肺炎疫情工作时的讲话[J].求是，2020(4).

③ 习近平.在全国抗击新冠肺炎疫情表彰大会上的讲话[J].求是，2020(20).

（二）习近平总书记关于制度自信的相关论述

中国特色社会主义制度自信既不是盲目乐观，也不是无源之水、无本之木，而是在扎根“中国土壤”中彰显生机、在实践检验中得以确证、在造福人民中获得拥护、在自我完善中走向成熟。2014 年 9 月 5 日，习近平总书记在庆祝全国人民代表大会成立 60 周年大会上指出，“一个国家的政治制度决定于这个国家的经济社会基础，同时又反作用于这个国家的经济社会基础，乃至于起到决定性作用。在一个国家的各种制度中，政治制度处于关键环节。所以，坚定中国特色社会主义制度自信，首先要坚定对中国特色社会主义政治制度的自信，增强走中国特色社会主义政治发展道路的信心和决心”①。2019 年 10 月 31 日，习近平总书记在党的十九届四中全会第二次全体会议上指出，“中国特色社会主义制度和国家治理体系是以马克思主义为指导、植根中国大地、具有深厚中华文化根基、深得人民拥护的制度和治理体系，是党和人民长期奋斗、接力探索、历尽千辛万苦、付出巨大代价取得的根本成就”“中国特色社会主义制度和国家治理体系具有丰富的实践成果”“我国国家制度和国家治理体系管不管用、有没有效，实践是最好的试金石”“始终代表最广大人民根本利益，保证人民当家作主，体现人民共同意志，维护人民合法权益，是我国国家制度和国家治理体系的本质属性，也是我国国家制度和国家治理体系有效运行、充满活力的根本所在”“40 多年的改革开放有力推动中国特色社会主义制度和国家治理体系在革除体制机制弊端的过程中不断走向成熟，特别是党的十八大以来，我们全面深化改革，充分显示出我国国家制度和国家治理体系的强大自我完善能力”②。2020 年 1 月 17 日，习近平总书记在同缅甸总统温敏会谈时指出：“我们刚刚庆祝新中国成立 70 周年。70 年来，中国取得巨大发展成就的实践证明，中国人民选择的发展道路是成功的，我们将继续坚定不移地走下去。对中国的未来，我们充满信心”③。坚定中国特色社会主义制度自信，就要对中国特色社会主义制度指引下的中国发展道路充满信心、对大国决策怀有底气，在伟大的民族发展与社会变革中把握中国特色社会

① 习近平.在庆祝全国人民代表大会成立 60 周年大会上的讲话[M].北京：人民出版社，2014：19.

② 习近平谈治国理政(第 3 卷)[M].北京：外文出版社，2020：119－124.

③ 习近平同缅甸总统温敏会谈[N].光明日报，2020－01－18.

主义制度发展的历史逻辑、理论逻辑与实践逻辑，进而推动中国特色社会主义制度的进一步定型、成熟和发展，建立对我国政治社会制度的历史认同和制度认同，夯实制度自信的根基。

（三）习近平总书记关于制度自信教育的相关论述

中国特色社会主义制度自信教育是教育引导国民认清制度优势、坚定制度自信的重要环节，更是帮助青少年坚定“四个自信”，增强政治定力、焕发青春动能的有效手段。2019 年 9 月 24 日，习近平总书记在中共中央政治局就“新中国国家制度和法律制度的形成和发展”举行第十七次集体学习时，强调“要加强制度宣传教育，特别是要加强对青少年的制度教育”①。这也是习近平总书记首次在公开场合就制度自信教育做出明确指示。2019 年 10 月 31 日，在党的十九届四中全会第二次全体会议上，习近平总书记发表重要讲话，强调“要把制度自信教育贯穿国民教育全过程，把制度自信的种子播撒进青少年心灵”。再次强调制度自信教育的重要性，为制度自信教育的开展指明了实践方向。2020 年 9 月 16 日，习近平总书记在湖南考察时指出，“要把课堂教学和实践教学有机结合起来，充分运用丰富的历史文化资源，紧密联系中国共产党和中国人民的奋斗历程，深刻领悟马克思主义中国化的内在道理，深刻领悟为什么历史和人民选择了中国共产党和社会主义，进一步坚定‘四个自信’”②。2020 年 10 月 14 日，习近平总书记在深圳经济特区建立 40 周年庆祝大会上指出，要加强理想信念教育，培育和践行社会主义核心价值观，弘扬以爱国主义为核心的民族精神和以改革开放为核心的时代精神，教育引导广大干部群众特别是青少年坚定中国特色社会主义道路自信、理论自信、制度自信、文化自信。③ 此外，习近平总书记曾在多个重要场合谈及爱国主义教育、理想信念教育，着重强调“把爱国主义教育贯穿国民教育和精神文明建设全过程”“青年是整个社会力量中最积极、最有生气的力量，国家的希望在青年，民族的未来在青年”等，并针对具体实践的开展做出了重要

① 习近平在中央政治局第十七次集体学习时强调：继续沿着党和人民开辟的正确道路前进　不断推进国家治理体系和治理能力现代化[N].光明日报，2019－09－25.

② 习近平在湖南考察时强调：在推动高质量发展上闯出新路子　谱写新时代中国特色社会主义湖南新篇章[N]，光明日报.2020－09－19.

③ 深圳经济特区建立 40 周年庆祝大会隆重举行——习近平发表重要讲话　韩正出席[N].人民日报，2020－10－15.

指示。以习近平同志为核心的党中央始终高度重视思想政治教育体系的发展，积极探索国民教育体系的改革与创新，指导并推动中国特色社会主义制度自信教育融入国民教育全过程，为新时代青少年制度自信教育的体系创新与实践路径提供了重要的理论基础。

二、习近平总书记相关论述的价值理路

习近平总书记对中国特色社会主义制度、制度自信以及制度自信教育的一系列重要论述，为全党全国人民尤其是青少年深刻认识我国制度优势、坚定制度自信提供了重要纲领和蓝图。

（一）制度自信教育的内在逻辑

首先，明确了制度自信教育的主体对象。中国特色社会主义制度自信教育的主体对象是青少年。青少年正处于人生的“拔节孕穗期”，最需要精心引导和栽培。2019 年以来，习近平总书记多次在公开场合就青少年制度自信教育做出指示，明确要求加强对青少年的制度自信教育。[①] 青少年兴则国家兴，实现中华民族伟大复兴的中国梦需要一代又一代的青少年矢志奋斗，将个人理想融入党和国家的事业之中。坚定青少年的制度自信，推动青少年的制度自信教育，是深化青少年爱国情、强国志，指引青少年报国行的重要助推器。

其次，明确了制度自信教育的发展方向。中国特色社会主义制度自信教育的发展方向是融入国民教育全过程。2019 年 10 月 31 日，在党的十九届四中全会第二次全体会议上，习近平总书记强调，“要把制度自信教育贯穿国民教育全过程，把制度自信的种子播撒进青少年心灵”[②]。这一重要论述不仅再次强调制度自信教育的重要性，也为新时代制度自信教育指明了发展方向，即要从价值导向的整体效应认识融入、从价值导向的高度契合切入全过程，将制度自信教育融入日常、润物无声，引导学生回应一系列的历史之问、时代之问，促进制度自信教育真正融入青少年心灵，落脚到每一位青少年的思想深处。

---

① 习近平在中央政治局第十七次集体学习时强调：继续沿着党和人民开辟的正确道路前进 不断推进国家治理体系和治理能力现代化[N].光明日报，2019－09－25.

② 习近平谈治国理政(第 3 卷)[M].北京：外文出版社，2020：129.

再次，明确了制度自信教育的核心内容。中国特色社会主义制度自信教育的核心内容是引导青少年增强制度认识、强化制度认同、坚定制度信仰、践行制度维护。《中共中央关于坚持和完善中国特色社会主义制度、推进国家治理体系和治理能力现代化若干重大问题的决定》中强调，“制度的生命力在于执行。各级党委和政府以及各级领导干部要切实强化制度意识，带头维护制度权威，做制度执行的表率，带动全党全社会自觉尊崇制度、严格执行制度、坚决维护制度”[①]。进一步廓清了新时代制度自信教育的着力点，即教育引导人民以主人翁的姿态参与到制度的尊崇、执行和维护中来，循序渐进地增强制度认识、强化制度认同、坚定制度信仰、践行制度维护，成为中国特色社会主义制度的忠实崇尚者、自觉执行者、坚定捍卫者。

（二）习近平总书记关于制度自信教育论述的时代价值

习近平总书记关于制度自信教育的论述丰富发展了马克思主义中国化的实践成果。中国特色社会主义制度植根于中国大地，是在深刻挖掘马克思主义理论、汲取中国传统国家制度精华、综合他国社会主义实践经验的基础上而建立的符合中国国情、体现国家性质、保证人民当家作主、巩固和发展人民民主专政、深得人民拥护的制度。习近平总书记关于制度自信教育的重要论述用中国化的马克思主义、发展着的马克思主义指导国家制度建设，有助于实现马克思主义中国化过程中理论与实践的双向互动，及时把成功实践经验转化为制度成果，使我国国家制度既体现科学社会主义基本原则，又具有鲜明的中国特色、民族特色、时代特色，从而建立起马克思主义中国化与“中国奇迹”之间的关联。

习近平总书记关于制度自信教育的论述深化拓展了中国特色社会主义建设的科学指南。制度不是静态的、凝固的，而是动态的、发展的。随着时代的不断发展和进步，人民群众对美好生活的需求也在不断变化与提高，中国特色社会主义制度也应在顺应时代潮流、回应人民群众新期待中不断完善自我、发展自我。习近平总书记关于制度自信教育的重要论述将开拓正确道路、发展科学理论、建设有效制度有机统一起来，有助于在教育传承中实现中国特色社会主义制度的

---

① 中共中央关于坚持和完善中国特色社会主义制度、推进国家治理体系和治理能力现代化若干重大问题的决定[N].光明日报，2019-11-06.

守正创新，在自我完善和发展中强化中国特色社会主义体系建设的基本盘，进而为党治国理政的功能指向提供制度支撑和政治保障。

习近平总书记关于制度自信教育的论述精心描画了新时代中国教育事业的发展蓝图。敬教劝学，建国之大本；兴贤育才，为政之先务。教育是民族振兴、社会进步的重要基石。青少年是祖国的未来、民族的希望，更需要在拔节孕穗期予以精心栽培。习近平总书记关于制度自信教育的重要论述要求在各级各类教育中筑牢制度自信的根基，将制度自信的种子播撒进青少年的心灵，既有助于构建系统完备、科学规范、运行有效的新时代教育体系，又可使中国特色社会主义制度教育在融入国民教育全过程中育新机、开新局，向着更加成熟、更加坚定的方向发展。

第二章　制度自信教育的理论基础

制度自信教育，一般来说是制度内化为人的主动性与实践性的过程。任何时代国家的治理，都离不开制度。一套制度的成熟与定型往往需要经过漫长的历史进程，制度自信正是在制度走向成熟的历史进程中逐渐生成的。中国革命、建设与改革的成功，最本质特征在于坚持中国共产党的领导。中国共产党之所以能够领导中国人民取得一次次的成功，最根本的还是因为建立了中国特色社会主义制度。进入新时代以来，世界格局发生了前所未有的变化，中国成为变局的焦点。面对意识形态斗争呈现的新形势新形态，必须加强中国人民的制度自信。青少年作为祖国未来的接班人，加强这一群体的制度自信尤为重要。那么，如何开展新时代青少年制度自信教育？首要的便是梳理制度自信教育的理论基础。理论逻辑上，马克思主义经典作家关于制度的思想是中国特色社会主义制度自信的理论源泉；历史逻辑上，中国特色社会主义制度扎根于中国优秀传统文化，生成于中国共产党人的接续探索中；现实逻辑上，中国特色社会主义制度以人民为中心的价值体现、十三大显著优势及其创造的"两大奇迹"，充分证明了中国特色社会主义制度的科学性、合理性、先进性。中国特色社会主义制度自信的理论基础，为进一步培养新时代青少年制度自信奠定了坚实基础。

第一节　中国特色社会主义制度自信教育的理论逻辑

我国国家制度和国家治理体系是坚持以马克思主义为根本指导思想，坚持中国共产党的领导，坚持科学社会主义为本质规定的制度体系。因此，加强青少年的制度自信教育，首先要从制度本身出发，探究制度自信的形成与发展，特别是马克思主义经典作家的相关论述，挖掘所蕴含其中的丰富理论依据；要从中国特色社会主义理论逻辑出发，教育引导新时代青少年正确认识世界和中国发展大势，不断增强中国特色社会主义理论认同，从而坚定中国特色社会主义制度自信。

国家制度建设有其精神内核与发展依据，因此，需要在思想的引领下，开展制度建设实践。我国国家制度和国家治理体系具有显著优势和强大生命力，是科学的制度体系，其根本原因在于坚持以马克思主义为根本指导思想，其中，马克思主义经典作家思想是其所蕴含的内在精神之魂。

一、马克思恩格斯的社会主义制度体系思想

马克思恩格斯创立了科学的世界观和方法论，运用辩证唯物主义和历史唯物主义，找到了人类社会历史发展规律，为推动人类社会进步做出了巨大贡献。其中，马克思恩格斯关于社会主义制度体系思想有着丰富又深刻的内涵，主要来源于社会有机体理论。马克思恩格斯认为，制度是为了用于维持某种秩序而设立的规则规范，社会制度应通过研究生产方式和交换方式的相互作用，从利益解决机制与社会经济关系两个层面得出制度的本质特征。“制度只不过是个人之间迄今所存在的交往的产物”[①]，若要揭示社会意义下的制度本质与内涵，需要研究人与人之间的社会经济关系。因此，制度不仅是经济关系的产物，同时也是社会关系的存在方式；制度还能够有效解决经济关系以及物质利益关系的冲突。

马克思主义认为，社会制度属于上层建筑，其发展需要具备一定的经济基础，因此，社会制度是由生产力和生产实践发展的结果所决定的。“生产以及随生产而来的产品交换是一切社会制度的基础。”[②]也就是说，人们在进行生产和产品交换的过程中，需要进行交往。社会不是由单个人所构成的，而是个人彼此之间发生关系的总和。人的本质是一切社会关系的总和，人之所以为人，社会交往是其决定因素和本质特征。这种“联系”和“关系”的总和使得整个社会形成了复杂多样、自成逻辑的有机体。因此，作为协调这些“联系”和“关系”的社会制度也自然形成一种逻辑体系，同时随着社会有机体的不断发展变化而发展完善。

---

① 马克思恩格斯全集(第3卷)[M].北京：人民出版社，1960：79.

② 马克思恩格斯文集(第3卷)[M].北京：人民出版社，2009：547.

马克思认为，社会并不是坚实的“结晶体”，而是不断处于变化发展中的“有机体”。这就是说，社会有机体时常处在变化中，整合或者创造适合自身发展的制度与体制是其运行机制。制度、体制及社会有机体变化的决定因素是经济基础及生产关系中的所有制关系。关于这些，恩格斯也提出，当社会制度发生变化时，当所有制关系发生变革时，就会产生新的生产力，旧的所有制关系已不再适应新生产力。可以说，马克思、恩格斯关于制度体系的思想，是与社会有机体理论紧密联系，并以此为基础的。

马克思、恩格斯关于社会主义制度体系思想也来源于国家与社会理论。社会制度是一种社会规范体系，其主要表现就是国家。尽管马克思没有专门论述国家问题的著作，其国家理论没有形成连贯与完全的国家学说体系，也没有如同研究资本那样去研究国家宏大愿望与实施情况，但散见于其早期哲学和晚期的政论文中有关国家的观点至今影响深远。

我们知道，马克思、恩格斯的国家理论与“市民社会”有着紧密的联系。马克思在批判黑格尔理性国家观点时强调，“市民社会”是理解国家的关键因素，也是国家得以存在的基础与原动力。马克思还认为：“国家是统治阶级的各个人借以实现其共同利益的形式，是该时代的整个市民社会获得集中表现的形式。”①

在马克思研究的基础上，恩格斯对国家理论进行了深入的理解概括。恩格斯认为，国家是发展到一定阶段的产物，是当社会出现了无法解决的矛盾时而产生的，为了使这些因经济利益冲突而产生的阶级矛盾，不在斗争中将自己和社会消灭，就需要一种凌驾于社会之上的理论，这种理论能够缓和冲突与矛盾，从社会中产生并日益同社会相异化。为了维持经济、政治、文化等各种社会秩序，为了协调各种对抗性或者非对抗性的社会矛盾，需要建立各种配套齐全的国家制度，从而形成完善的制度体系。需要特别提到的是，1844 年 11 月，马克思撰写完成了著作《关于现代国家的著作的计划草稿》。马克思对现代国家有着十分深入而全面的认识，形成了非常丰富的宪政思想。这部著作的内容十分广泛，包含宪法、人权、法治、民主、市民社会、民族与人民、国家结构形式、政党等。这些内容是现代国家的构成要素，其目标与理想是“为消灭国家和市民社会而斗争”。

---

① 马克思恩格斯选集(第 1 卷)[M].北京：人民出版社，1995：132.

这些都体现了马克思的社会制度体系思想。

可以看出，关于制度本质，马克思、恩格斯与西方学者们的理解不同，没有直接将制度理解为维护某种社会秩序所设立的规则规范，而是从唯物史观出发进行理解，更加全面系统地对制度进行理论分析与研究，将社会制度融入社会及人的发展方式中，研究生产方式与交换方式的彼此作用，并从经济社会关系与利益解决机制这两个层面提出制度本质。马克思和恩格斯认为，制度是经济关系的产物，也是社会关系的存在方式，理解其本质与内容离不开这两方面。

对未来社会进行构想是马克思、恩格斯的社会主义制度体系思想的重要表现。马克思、恩格斯所设想的未来是当资本主义走到尽头时，就迎来了社会主义。马克思恩格斯在批判资本主义旧社会基础上，对未来新社会的特征进行了概括，并且还认为未来社会是以生产力的高速发展为前提的。马克思同时也认为，随着工业社会的发展，整个社会制度也要发生巨大变革，并且终将会废除私有制。新的社会制度需要取消个人对工业和生产部门的经营权，应当由整个社会来经营，是在有着共同的利益、共同的计划，并且是在全体社会成员的参与下所进行的。无产阶级专政是从资本主义社会向共产主义社会发展过程中的一个革命转变期。新社会特征是实行公有制、计划生产、按劳分配、无产阶级专政，发展社会主义文化和道德、生产力增长等。

与此同时，马克思、恩格斯对新社会进行了基本设想和框架描述，并认为，社会主义制度并不是固定不变的，因此无法事先制订一个非常详细的方案。社会主义社会的制度，是一个经常变化并进行改革的制度体系。例如，马克思在澄清了拉萨尔派的《哥达纲领》中关于“现代社会”和“现代国家”的观念后，提出了这样的疑问：在共产主义社会中国家制度会发生怎样的变化呢？马克思认为，这个问题只能科学地回答。恩格斯在致奥·伯尼克的一封信中指出，社会主义并非一成不变的，而是经常进行变化与改革的。

1848 年 2 月，马克思、恩格斯发表了著名的《共产党宣言》，首次全面系统地阐述了科学社会主义理论。《共产党宣言》的发表，标志着马克思主义的诞生。马克思从人类社会发展的规律出发，深刻剖析了资本主义社会不可调和的社会矛盾，揭示了社会历史发展有其内在规律，并且不以人的意志为转移，资本主义社会必然被更高级的社会主义社会形态所代替，共产主义运动将会成为不可抗拒的历史趋势。这是由人类社会历史发展基本规律所决定的，因而具有历史必然性。

关于什么是科学社会主义，马克思所设想的内容主要包括生产资料公有制，资本主义必然灭亡、社会主义必然胜利的客观规律，建设无产阶级专政，逐步实现由社会主义社会向共产主义社会过渡等。马克思、恩格斯始终对未来的社会主义制度、未来人们过上美好幸福的生活充满坚定的信心和信念。自《共产党宣言》诞生以来，国际共产主义运动跌宕起伏，科学社会主义经历了艰辛的实践探索与发展，科学社会主义理论为人类社会发展指明了道路。因此，以科学社会主义基本原则为指导建立、基于我国实际国情的中国特色社会主义制度，既是我国国家制度和国家治理体系建设的最新成果，也是中国化的马克思主义。

历史和实践证明，马克思、恩格斯的制度理论是符合历史发展规律的科学理论，揭示了社会发展的本质。在马克思主义思想的指引下，中国共产党不断深化对社会主义建设规律的认识，在领导中国进行社会主义现代化建设的征程中，走出了一条具有中国特色的社会主义道路。可以说，建设具有中国特色的国家制度和国家治理体系，既坚持了马克思主义思想，同时又具有鲜明的中国特色和时代特色。

二、列宁的社会主义制度体系思想

在苏俄进行社会主义革命和建设探索的过程中，列宁根据国家建设的实际需要，完善了社会主义制度体系思想。这对于社会主义建设与发展具有重大意义。在对国家概念的理解上，列宁明确提出，国家是维护统治阶级对被统治阶级的统治的机器。列宁将国家比喻为机器，那么国家便会有各种“零部件”。因此可以说，国家是一个由许多“零部件”所组成的有机体，并且具有系统性。这个系统从横向上看是政权组织形式问题，主要是中央与地方的关系问题。

关于社会主义的国家结构形式，马克思和恩格斯认为应当是单一制的共和国，反对联邦制。关于这一点，列宁一开始表示完全赞同，坚持认为俄国应当是单一而不可分的共和国。然而，列宁的思想经历了一个很大的变化，就是从最开始支持单一制到赞同联邦制的转变。1918 年，列宁出版了著作《国家与革命》。在这部著作中，列宁认为联邦制是封建残余，也是社会发展的障碍。它削弱了经济联系，只是君主国向集中制国家的过渡形式。同时，列宁还认为，在民族国家，单一制并不排斥地方自治。在十月革命以后，列宁主持起草了《被剥削劳动人民权利宣言》，首次正式提出俄罗斯苏维埃共和国。这是建立在自由民族联盟基础上的各苏维埃民族共和国联邦。之后，这一观点被写入了宪法，苏俄最终成了一个联邦制国家。列宁的态度之所以发生如此之大的转变，其主要原因是在十月革命前后，俄国民族分离运动迅速发展，建立联邦制不仅有利于维护统一，而且也不影响各民族之间的经济联系。随着“苏维埃社会主义共和国联盟”的建立，与此相适应，则需要建立相应的国家制度体系与之配套，并要以共同的制度形式和制度性质进行规范。

关于怎样看待制度体系的问题，列宁则经历了从“战时共产主义”到“新经济政策”的思想转变。“战时共产主义”是列宁所曾构想过的“国家辛迪加”。它是在战争环境中的一种特殊政策，是一种高度集中的计划经济体制。例如，当时的俄国在工业上成立了52个管理总局，其具体表现为企业国有化、实物配给制、劳动义务制、余粮收集制等。然而在战争结束之后，继续推行这一政策已不适应当时的社会发展。于是，列宁结合实际提出了“新经济政策”。这一政策允许自由贸易，实行中小企业非国有化，推行粮食税、工资级别制，实行租借制、租让制等。因此，高度集中的计划经济体制便发生了很大变化，随之发展变化的还有国家机构，乃至整个制度体系。

关于社会主义制度体系，列宁做了一个比喻，认为制度体系就像是由“若干齿轮”所组成的复杂体系。在当时俄国复杂多变的形势下，关于建设什么样的国家、国家各机构的关系等问题，包括托洛茨基等在内的党内外人士展开了激烈的争论。列宁提出并创新发展了无产阶级专政理论。列宁认为，无产阶级专政是劳动者的先锋队，与非无产阶级的劳动阶层进行联盟，最终建成和巩固社会主义而成立的联盟。列宁所提出专政体系的“若干齿轮”，包括党、国家机关和工会等群众组织。这些要素相互独立又协同发展。

综合以上列宁的论述，共产党作为先锋队和领导者，对所有国家机关进行总领导，但不能对具体事务进行干涉。国家政权即苏维埃是行政机关，是具体事务的执行者，具有强制性。工会是党领导工人阶级的群众组织，是党联系群众的重要纽带与桥梁。可以说，这些机构之间担负的职能不同，其关系也不是并列的。

并且，在整个国家体系中，各部门之间相互监督，协同发展。列宁认为，全国代表大会是党的权力中心，代表中央委员会的政治局、组织局和书记处等部门处理日常事务，监察机关是中央监察委员。苏维埃国家政权机关实行议行合一制度，全俄苏维埃代表大会是国家最高权力机关，全俄中央委员会是国家最高立法、执行与监督机关，人民委员会是国家最高行政机关等。在司法和法律监督方面，设法院、检察院、司法人民委员部，并进行垂直领导，彼此相对独立。这一系列制度体系的构建，充分体现了列宁关于社会主义建设的思想。

列宁坚持并创新了马克思主义国家学说，构建了社会主义制度体系思想，形成并完善了社会主义制度体系思想。

首先，社会主义制度体系具有阶级性。根据马克思主义的基本思想，新生的苏维埃政权是“新型民主和新型专政”国家，其中最为核心的内容是坚持无产阶级政党的领导。列宁认为：“我们共和国的任何一个国家机关没有党中央的指示，都不得决定任何一个重大的政治问题或组织问题。”①关于如何实现党的总领导，列宁有许多的思考，然而在坚持党的领导这一问题上是非常坚定的。

其次，社会主义制度体系具有人民性。新生的社会主义国家与以往社会制度最大的不同，就是它坚持人民性原则，代表人民利益，坚持人民当家作主。列宁认为：“只有千百万人学会亲自做这件事的时候，他们才能实施社会主义。”②人民管理是根除国家建设过程中所出现的官僚主义的有力武器，当全体人民都参加管理工作时，便将反官僚主义的斗争进行到底。

再次，社会主义制度体系坚持效能原则。社会主义国家机关的工作是高效率的，这是其区别于旧政权的重要标志。列宁认为：“如果正在实现社会主义的劳动群众不能使自己的各种机构像大机器工业所应该做的那样进行工作，那么也就谈不上实现社会主义了。”③然而，对于怎样实现高效率，列宁认为应当精简机构，任用人才，实行个人负责制，同时在工作中应当坚持深入实际，少谈空话，多做实事。

最后，社会主义制度体系坚持发展原则。列宁认为，由于特殊的社会环境以

---

① 列宁选集(第4卷)[M].北京：人民出版社，1995：157.

② 列宁选集(第3卷)[M].北京：人民出版社，1995：464.

③ 列宁全集(第43卷)[M].北京：人民出版社，1995：144.

及旧社会的影响，苏维埃国家政治体制虽然是新生的，但仍然存在不少弊端，例如机构臃肿、官僚主义等。解决这些问题，迫在眉睫又困难重重，需要有步骤地改革和顽强地斗争。因而列宁提出了党政分开，精简机构，改革会议制度，建立监察制度以及加强法制等措施。

总之，列宁关于社会主义制度建设的思想具有开创性意义，不仅在制度变革方式上能够结合实际对社会主义理论进行创新，而且能够从本国国情出发，为俄国社会主义制度的建立提供了可行性模式和路径探索；同时也为中国特色社会主义制度建设提供了非常宝贵的理论探索和实践经验。

第二节　中国特色社会主义制度自信教育的历史逻辑

历史是最好的教科书。习近平总书记在庆祝中国共产党成立 95 周年大会上指出："一切向前走，都不能忘记走过的路；走得再远、走到再光辉的未来，也不能忘记走过的过去，不能忘记为什么出发。"[①]加强对青少年的制度自信教育，要通过深入学习中国特色社会主义制度形成、发展并不断完善的历史过程，教育引导新时代青少年正确认识党对制度建设的探索历程，深刻领会党领导人民建立和发展中国特色社会主义制度的过程与领导人民进行革命、建设、改革的伟大实践紧密相连，在守正、创新中坚定中国特色社会主义制度自信。

一、中国特色社会主义制度植根于中国优秀传统文化

一个国家选择什么样的制度和治理体系，是由这个国家的历史文化、社会性质、经济发展水平决定的。习近平总书记强调，"中国特色社会主义制度和国家治理体系具有深厚的历史底蕴"[②]。毛泽东同志也曾指出，对于传统文化，要剔除其封建性糟粕，吸收其民族性精华，这是提高民族自信的重要条件。

（一）中国传统文化中的制度价值与政治意识

中国古代社会，国家治理的本质是封建的人治、专制。以"礼"为核心形成的

① 习近平.在庆祝中国共产党成立 95 周年大会上的讲话[M].北京：人民出版社，2016：8.

② 习近平谈治国理政（第 3 卷）[M].北京：外文出版社，2020：119.

规矩、次序维持了社会关系的平衡。其表现形式即构成“礼”的一系列制度与规定，是人在社会关系中必须遵循的道德行为准则。其中反映的一些积极制度价值与政治理念，依然是今天治国理政加强制度建设的“源头活水”。中国传统文化中的优秀制度价值与政治理念，主要体现在八个方面：

一是“大道之行，天下为公”的大同理想。“大道之行，天下为公”①源自西汉戴圣的《礼记・礼运》。“天下”是所有人的天下而非个体的、特殊群体的天下。真正的大同社会，就是儒家所追寻的理想的“小康”社会。这样的社会幼有所教、老有所养、长幼有序、各亲其亲、天下太平。国家应该构建公正的社会秩序，以逐渐实现理想社会的目标。《尚书・洪范》中的“无偏无党，王道荡荡；无党无偏，王道平平”②，阐发的正是“天下为公”的哲学意蕴，循着“大道之行”的道理，践行“天下为公”的理念。然而，中国地域广袤、农耕文明的现实国情，决定了人口分布广泛的同时具有相对稳定性，那么对这样一个国家的治理，就需要具备一个强有力的政权系统。

二是“六和同风”、四海一家的大一统传统。大一统思想，从春秋战国时期一直延续至今。中国历史上，各个地域之间经历过无数的分分合合，常年战事不断，百姓流离失所、妻离子散、家破人亡。杜甫的《石壕吏》生动刻画了百姓在战乱中的苦难生活与对和平的极度渴望。秦朝一统天下，结束了六国纷争的历史局面，成为中国大一统的历史开端。然而政权的统一与稳固，首先需要的是法律上的建制，最终依靠的是文化与风俗教化的统一。这也就有了秦始皇“车同轨，书同文，行同伦”③的历史变革。在思想家们看来，“天无二日，土无二王，家无二主，尊无二上”④。如果百姓能归顺于一个君主，则“四海之内若一家，通达之属莫不服从”⑤。这种体制传统一直被传承至今，呈现在中国共产党一党执政的制度结构中。

三是“民贵君轻”“政在养民”的民本思想。这指的是当政者要以百姓为重，其执政目的在于养活民众。孔子将君主与百姓的关系比喻为舟与水的关系，《荀

① 〔汉〕戴圣・礼记[M].西安：西安交通大学出版社，2013：87.

② 尚书[M].冀昀，主编.北京：线装书局，2007：138.

③ 〔汉〕戴圣.礼记[M].西安：西安交通大学出版社，2013：225.

④ 〔汉〕戴圣.礼记[M].西安：西安交通大学出版社，2013：198.

⑤ 〔战国〕荀子.荀子[M].沈阳：万卷出版公司，2009：228.

子·王制》中提出"君者,舟也;庶人者,水也。水则载舟,水则覆舟"[①],阐述了统治者要想维持其统治地位,就必先获得民心的道理。孟子作为儒家学派的继承者,进一步提出了"民为贵,社稷次之,君为轻"[②]的执政理念。认为君主必须要有体恤苍生的胸怀,并且在其制度体系中体现出以民为本的执政理念。可谓"爱民者强,不爱民者弱""民齐者强,民不齐者弱"[③]。

四是"等贵贱""均贫富""损有余""补不足"的平等观念。封建社会等级森严,社会贫富分化严重,矛盾积累到一定阶段,整个社会的政治根基势必发生动摇。因而要维护整个社会的平衡状态,首先要尊重作为社会主体的人的平等。孔子"仁"的思想提倡人要爱自己的同类,其中已蕴含了平等的观念。老子认为"天之道,损有余而补不足;人之道则不然,损不足以奉有余。孰能有余以奉天下?唯有道者。是以圣人为而不恃,功成而不处,其不欲见贤"[④]。告诫作为社会主要财富占有者的统治阶级,要具备德行,对百姓有所作为而不独自占有,有所成就而不居功自傲,始终保持低调谦卑的品格,才能顺应人类社会的根本规律。这种观念逐渐从思想意识领域拓展到制度法律的制定中,从统治阶级层面拓展到普通百姓中。墨家的"兼相爱,交相利"[⑤],法家的"不别亲疏,不殊贵贱,一断于法"[⑥],都体现了这种观念。

五是"任人唯贤""选贤与能"的用人标准。"任人唯贤"出自《尚书·咸有一德》中的"任官惟贤才,左右惟其人"。"选贤与能"出自《礼记·礼运》中的"大道之行也,天下为公,选贤与能,讲信修睦"[⑦]。可见,治国安邦、平天下首先需要的便是贤能之人。统治阶级是制度的制定者,其执政思想、理念始终具有突出的引领性。因此,在国家制度体系中,对进入统治阶级人才的选拔尤为重要。中国历史上,历代帝王没有不重视人才而能安邦定国的。中国传统文化中对贤能之人的界定标准首先就是孝与德,要有将善举推己及人的美德以及忠君事父的孝道,

---

① 〔战国〕荀子.荀子[M].沈阳:万卷出版公司,2009:114.
② 孟子[M].赵清文,译注.北京:华夏出版社,2017:330.
③ 〔战国〕荀子.荀子[M].沈阳:万卷出版公司,2009:221.
④ 文景.道德经[M].北京:中国人口出版社,2015:96、176.
⑤ 〔战国〕墨子.墨子[M].太原:山西古籍出版社,2003:19.
⑥ 周祖庠.中华国学纂言钩玄掌中珠·源泉篇[M].成都:西南交通大学出版社,2017:159.
⑦ 〔汉〕戴圣.礼记[M].西安:西安交通大学出版社,2013:87.

故而“求忠臣必于孝子之门”“移孝可以作忠”①。当代中国国家公职人员的录用流程中，延续了这一标准并不断完善，通过层层选拔，以遴选出堪当大任并能为百姓做实事的官员。

六是“周虽旧邦，其命维新”的改革精神。“周虽旧邦，其命维新”②理念出自《诗经·大雅·文王》，意为周虽然是旧的邦国，但其使命仍然是革新，始终保持焕然一新的状态。说的就是发展永无止境，制度也需要随着时代变迁不断进行变革，方能保持政权的稳固与国家的长治久安。这同历史唯物主义生产关系变革的观点不谋而合。创新是社会发展的不竭动力，也是治国安邦的内在要求。《礼记·大学》有言：“苟日新，日日新，又日新”，“作新民”③。这就是说要不断进行革故鼎新，做一个有进取心的创新之人。中国各朝各代制度的变化中，创新精神可见一斑，如此才能保证制度的相对稳定性。

七是“亲仁善邻”“协和万邦”的外交之道。这一外交思想最早出自《左传·隐公六年》中的“亲仁善邻，国之宝也”，以及《尚书·虞书·尧典》中的“百姓昭明，协和万邦”，意思是：亲近仁义、与邻为善的品德与策略，是国家之宝器；社会和睦之后，进而去协调各个邦国的利益，使各国相互之间能够彼此友好协作。这种制度意识不仅是古代各国之间相互尊重、包容的体现，还是彼此合作与共同发展的前提，在今天依然发挥着思想的力量。在百姓之间，表现为一种邻里关系的相处之道；在国家之间，则表现为不同文明的对话合作。习近平总书记提出“一带一路”倡议、构建人类命运共同体理念，以及在此基础上继续扩大开放、推动国内国际双循环的政策变革，体现了睦邻友好、心系整个人类社会福祉的价值追求，其思想深深扎根于中国传统文化的外交思想中。

八是“以和为贵”“好战必亡”的和平理念。中国自古就是一个饱受战乱之苦的国家，因而历代君王对战争都有着非常谨慎的态度。孔子从“礼”的教化角度，认为“礼之用，和为贵。先王之道，斯为美；小大由之”④。不论家庭伦理、君臣、

---

① 毋不敬.重拾家规[M].北京：中国言实出版社，2016：196.

② 〔春秋〕孔丘.诗经[M].北京：北京出版社，2009：244.

③ 〔战国〕曾参.大学[M].太原：山西古籍出版社，1999：27.

④ 〔春秋〕孔子.论语[M].长沙：岳麓书社，2018：10－11.

官民还是其他社会关系，都需要讲求和谐。《论语》告诫统治者："子之所慎：齐、战、疾。"①《孙子兵法》阐述了"兵者，国之大事，死生之地，存亡之道，不可不察"②的道理。发动战争，即便屡战屡胜，也并非善事；只有避免发动战争，用和平方式解决冲突，才是上策。这是国家兴衰、百姓存亡的道理。因而对于国家安全，应常怀忧患之心，既离不开战争的威慑，又要避免轻率发动战争。中国的对外政策中，始终奉行"和平共处五项原则"，充分体现了追求和谐的价值取向。

（二）中国传统文化中制度建设的体制机制

中国古代传统制度的演进历史，"重人治，弱法治"，人治横亘于法治，是制度建设与发展的鲜明特点。虽有危害公平正义之弊端，但在当时的历史背景下，在很大程度上维护了社会稳定，促进了经济、政治、文化等方面的发展。

一是"礼义廉耻""孝悌忠信"的道德操守。制度产生的目的是引领社会朝着天下大同方向前行，这就要求社会成员都按照一定的次序、规范活动。《论语·学而》提出"君子务本，本立而道生。孝弟也者，其为仁之本与"③的道德要求，教化以君子为首的社会民众知"礼义廉耻"、守"孝悌忠信"，逐渐成为传统制度体系中道德操守的建设根据。汉代以"孝"治国的政策主张，深刻反映社会对于孝悌道德观念和道德行为的高度肯定。《汉书·武帝纪》中记载"初令郡国举孝廉各一人"④，以孝悌行为作为选拔标准，并与奖惩制度相结合治理国家。忠信与孝悌相连，规范人与人之间的正当关系。

礼与义相沟通、廉与耻相联结。礼制是中国传统等级尊卑的制度契约，对应不同等级的阶层有着严格的制度礼仪规范和社会习俗，以《论语·颜渊》中"君君，臣臣，父父，子子"⑤为集中体现。儒家之礼中，礼与仁是休戚与共的命运共同体，孔子《论语·八佾》中有"人而不仁，如礼何？人而不仁，如乐何？"⑥。大体观之，古代五礼在一定程度上是以礼为核心的各项制度相糅合的典型代表。《尚

---

① 〔春秋〕孔子.论语[M].长沙：岳麓书社，2018：89.
② 〔春秋〕孙武.孙子兵法[M].上海：上海辞书出版社，2003：2.
③ 〔春秋〕孔子.论语[M].长沙：岳麓书社，2018：5.
④ 〔汉〕班固.汉书[M].北京：中华书局，1962：160.
⑤ 〔春秋〕孔子.论语[M].长沙：岳麓书社，2018：151.
⑥ 〔春秋〕孔子.论语[M].长沙：岳麓书社，2018：32.

书·虞夏书·皋陶谟》有言"天秩有礼，自我五礼有庸哉"[①]，明确公、侯、伯、子、男五等阶层礼数。"义"的制度理念在《孟子·告子上》阐述为"舍生而取义"[②]，即为正义、正当及合理之意。此外，廉耻也是国家运行和社会和谐的道德利器和重要抓手，如《管子·牧民》将"礼义廉耻"归纳为国之四维，"四维不张，国乃灭亡"[③]。秦代官员选拔制度中，要求为政者秉持清风廉洁、明理知耻的品格；若违反廉政建设，官吏将面临严苛刑法处罚。如《大明律》中，对于官吏受贿枉法者，规定了一系列惩罚制度。社会经济运行需要廉耻保障，家庭伦理纲常也需借助其规范。

二是"德主刑辅""以德化人"的德治主张。儒家是"德主刑辅""以德化人"思想典型学派，主张"至道大形：隆礼至法，则国有常"[④]，即道的充分体现，就在于把礼仪推崇至法的高度，国家就会井然有序。道之以德，是一种柔性且持久的制度价值所在，对于为政者建设国家和稳定社会具有重要意义。德行于刑前，用刑法制度及具体措施规矩行为，二者不可偏废，犹如《论语·子路》所言"名不正，则言不顺；言不顺，则事不成；事不成，则礼乐不兴；礼乐不兴，则刑罚不中；刑罚不中，则民无所措手足"[⑤]。

将德刑关系定性为"德主刑辅"，可参见董仲舒《春秋繁露·天辨在人》中"刑者，德之辅也"[⑥]以及《群书治要》中"德教者，人君之常任也，而刑罚为之佐助焉"[⑦]等表述。吕思勉在《中国制度史·刑法》中讲道："法律必与道德合一"[⑧]，这与孔子《论语·子路》中，对于犯罪不予处罚情形理念之"父为子隐，子为父隐。直在其中矣"[⑨]的提倡是相通的。古代制度体现对德行专有保护的不在少数。《尚书·吕刑》言"轻重诸罚有权。刑罚世轻世重"[⑩]，规定刑罚制度突出人情德

---

① 冀昀.尚书[M].北京：线装书局，2007：25.

② 孟子[M].赵清文，译注.北京：华夏出版社，2017：330.

③ 管子[M].〔唐〕房玄龄，注，〔明〕刘绩，补注.上海：上海古籍出版社，2015：1.

④ 〔战国〕荀子.荀子[M].沈阳：万卷出版公司，2009：197.

⑤ 〔春秋〕孔子.论语[M].长沙：岳麓书社，2018：160

⑥ 曾振宇注说.春秋繁露[M].开封：河南大学出版社，2009：292.

⑦ 〔唐〕魏徵.群书治要[M].北京：北京理工大学出版社，2013：601.

⑧ 吕思勉.中国制度史[M].上海：上海教育出版社，2002：642.

⑨ 〔春秋〕孔子.论语[M].长沙：岳麓书社，2018：165.

⑩ 冀昀.尚书[M].北京：线装书局，2007：261.

行特质、轻刑罚重教化，但倘若因德行操守累犯则会受到加重处罚。《礼记·曲礼上》中亦有“刑不上大夫”[1]等论述。正如《荀子·富国》中“故不教而诛，则刑繁而邪不胜；教而不诛，则奸民不惩”[2]，主张先教后诛。在古代制度设计之中，饱含着德治教化的情感因素。

三是“法不阿贵”“绳不挠曲”的正义追求。法的价值在于主持正义，正义的价值在于追求和谐。《韩非子·有度》中“奉法者强，则国强”“法不阿贵，绳不挠曲。法之所加，智者弗能辞，勇者弗敢争，刑过不避大臣，赏善不遗匹夫”[3]的阐述，不论社会阶层区分和社会地位高度，一律以统一的法律准绳为度量，法律正义、平等的特质由此展露无遗。此即是《礼记·曲礼上》中“国君抚式，大夫下之；大夫抚式，士下之；礼不下庶人”[4]，对于贵族特权予以否定，实际上是中国古代法律制度制定一脉相承的正义理念维护。

儒家提倡严苛律法，与此同时也主张“一断于法”，人人平等，无所区别。“所谓壹刑者，刑无等级。”[5]这不仅体现在排除犯法者等级不同而带来的处罚区别，而且表现在执法者判决案件及执行刑罚时必须严格按照制度条文和法定程序进行。如文化教育方面，法律追求公正性的特性鲜明印刻在教育考试制度之中。以选贤任能为标准，以法为外围保障，为当下社会各阶层中入仕群体提供平等、正义支撑。古语“寒门出贵子”是与古代教育制度和选举制度紧密联系在一起的，“教育选举合治一炉，乡人与王大子等得以同入大学”[6]。

（三）中国传统文化中制度自信的培养

“制度自信”一词，虽然没有出现在中国传统文化中，但封建社会统治阶级治国理政过程中，教化民众本身也是使民众产生制度认同的过程，蕴含着培养制度自信之义。

首先是以儒学教育为主的制度自信培养。汉武帝时期实行“罢黜百家，独尊儒术”政策，奠定了儒学的正统地位，儒家思想成为中国传统文化的主流。汉武

---

① 〔汉〕戴圣.礼记[M].西安：西安交通大学出版社，2013：18.
② 〔战国〕荀子.荀子[M].沈阳：万卷出版公司，2009：153.
③ 〔战国〕韩非.韩非子[M].太原：山西古籍出版社，2003：20－26.
④ 〔汉〕戴圣.礼记[M].西安：西安交通大学出版社，2013：18.
⑤ 〔战国〕商鞅，商君书[.M].长沙：岳麓书社，2006：34.
⑥ 吕思勉.中国制度史（下）[M].北京：中国和平出版社，2014：530.

帝通过大力推行儒学教育加强中央集权，在长安设立官方教育机构太学，专门教授儒学。汉朝也就是在汉武帝时期国力达到巅峰，完成并巩固了政治上的统一，自此确立了以伦理道德教化作为政治制度运行与维护的主要手段。《论语・子路》中明确：既庶矣，则加之以富，既富矣，则加之以教。① 当人民生活富庶起来以后，就要对之进行“礼”的教化。

儒学教育的中心思想是等级观念，在培养社会等级制度意识中起了非常重要的作用。等级观念与等级制度相辅相成、相互呼应。制度、律法在整个封建文化中往往通过儒学教育以保护特权阶级利益与维护阶级差别，培养所有社会成员形成对等级差序制度的认同。在这个过程中，孔子主张“有教无类”②，认为所有社会成员在受教育方面不应有等级、贫富、贵贱之分，而是都可以接受“礼”的教化。《论语・学而》中阐述了“弟子，入则孝，出则悌，谨而信，泛爱众，而亲仁”③观点。《荀子・性恶》中更是认为“故圣人化性而起伪，伪起而生礼义，礼义生而制法度”“夫好利而欲得者，此人之情性也……故顺情性，则弟兄争矣；化礼义，则让乎国人矣”④。正是在这种教化中，封建社会逐渐形成稳定的以“礼”为核心的等级制度意识。

其次是修养与礼仪的实践训练。“无礼义，则上下乱。”⑤“礼”的核心作用在于将人与人之间的社会关系合法地固定于一种相对稳定的等级次序之中。礼义，乃“人之大端”⑥，即人一切行为的出发点。《礼记・仲尼燕居》云：“制度在礼”⑦，将“礼”上升到了法的地位。“礼”的思想在封建传统文化中占据了核心地位，也是封建社会国家治理的主要手段，要求人们“非礼勿视，非礼勿听，非礼勿言，非礼勿动”⑧。大到邦交之国，小到君臣、父子、兄弟、夫妇及朋友之间，都有不同的礼制规定，突出了等级制度与次序差别。

传统文化中规定修养与礼仪的制度无处不在，《仪礼》《礼记》《周礼》为中国

---

① 〔春秋〕孔子.论语[M].长沙：岳麓书社，2018：162.
② 〔春秋〕孔子.论语[M].长沙：岳麓书社，2018：202.
③ 〔春秋〕孔子.论语[M].长沙：岳麓书社，2018：7.
④ 〔战国〕荀子.荀子[M].沈阳：万卷出版公司，2009：357.
⑤ 赵清文译注.孟子[M].北京：华夏出版社，2017：330.
⑥ 〔汉〕戴圣.礼记[M].西安：西安交通大学出版社，2013：94.
⑦ 〔汉〕戴圣.礼记[M].西安：西安交通大学出版社，2013：194.
⑧ 〔春秋〕孔子.论语[M].长沙：岳麓书社，2018：146.

传统礼仪的集大成之作。《礼记·礼器》有云:“经礼三百、曲礼三千。”[①]小到用膳之礼、见面之礼、入座之礼、饮食之礼、婚冠之礼、丧葬之礼等,大到君臣之礼、邦国之礼、祭祀之礼等。这种无处不在的礼制约束,在人们的社会交往中,以约定俗成的方式使人们以“礼”为标准律己敬人。修养与礼仪是人的内在品性与外在言行举止的表现形式。礼仪是修养的依据,修养是礼仪的内化。修养与礼仪作为中国传统文化的重要组成部分,对礼制的贯彻及全社会仪礼风尚的形成具有极为深远的影响,通过制度的运用涵养了整个社会群体的制度自信养成。

再次是科举取士的导向。封建制度中最具影响力的制度,当数科举取士制度。这是一种国家选拔人才的新兴制度,既具有政治性又具有文化性。在此之前,中国的选举制经历了“察举制”“九品中正制”等,普通百姓都是没有机会进入官员阶层的。直到科举制出现,开辟了新的社会生产条件下所有读书人不论等级、地域、门第、贫富,均有机会走上仕途、参与国家治理的新途径,成为整个封建时期中较公平的人才选拔制度。

科举取士制度深刻影响并塑造着整个社会的制度认同。科举取士意在“把读书、应考、做官三者联系起来,成为士人仕进的必由之路”[②]。这无疑给普天下读书人创造了一种相对公平的机遇,整个社会对这种制度较大程度上具有普遍认同。发展到明朝时期,科举取士制度更加规范化。《明史·选举制》中记载:“使中外文臣皆由科举而进,非科举者毋得与官……有司预为劝谕民间秀士及智勇之人,以时勉学,俟开举之岁,充贡京师。”[③]在程序上,要经过地方乡试、全国会试以及皇帝主考的殿试共三级考试。在途径上,《明史·选举制》中有“科举必由学校,而学校起家可不由科举”[④]的记载。这就规定了“士”必须经过学校教育方可参加科举取士的考试。这种以德才为本,按程序层层选拔的制度,进一步塑造了人们的次序观念,并获得了人们对这种历史上空前公平的选官制度的政治认同,有效地树立了人们的制度自信。

此外,还有御史、巡按制度的影响。御史、巡按制度形成于战国时期,本意在

---

① 〔汉〕戴圣.礼记[M].西安:西安交通大学出版社,2013:102.

② 徐潜.中国古代典章制度[M].长春:吉林文史出版社,2013:10.

③ 〔清〕张延玉,等.明史·选举二[M].北京:中华书局,1974:1695-1696.

④ 〔清〕张延玉,等.明史·选举二[M].北京:中华书局,1974:1675.

于通过全国一体化的庞大官僚机构对各级官员进行监督，以稳固皇权根基。御史就是为巡视与监察官员而专设的职位，御史台为国家最高监察机构。中国古代的御史、巡视制度经历了“六条问事”“刺史巡查六条”“巡察六条”，到明朝达到成熟，由明成祖朱棣确立御史巡按制度，御史台改为都察院，并设立六个独立的监察机构。巡按御史代表皇帝对内监察中央各机构部门，对外到地方进行巡视，专事监察之职。

御史、巡按制度是对整个国家的中央及地方官员行为活动的体制性约束，对于约束巡按御史严于律己、遵规守法的行为及其意识养成具有非常积极的作用。明朝时期，御史巡按作为一项制度正式确立下来。《大明会典》中对有关监察巡视的法规做了汇总，对巡视官的职责范围、任务执行、出巡礼仪、应遵守的纪律等做了详细规定。巡按御史，其职能不仅要监察各级地方官员，同时还负有察举贤能、考察民情、赈灾、肃清冤案等任务。监察御史、按察司在地方的巡视过程中，对于巡按违法失职，规定“不许于各衙门嘱托公事。违者，比常人加三等。有赃者从重论”；“若知善不举，见恶不拏，杖一百，发烟瘴地面安置，有赃者，从重论”；“有不公不法及旷职废事、贪淫暴横凌虐，皆当纠劾，毋得徇私容蔽”。① 对违反会典条例者的处罚是相当严厉的。御史巡按完成任务后返回都察院，需将考查的内容、事件经过及结果一一呈奏，由都御史按照巡按通例及回道考察法规进行考查。

理念是制度的内在精神，法律、规矩是制度的表现形式。虽然儒学教育作为官方学校教育的开端，并未有意识地强化，但包含了制度自信的培育。通过修养与礼仪的规定、人才选拔制度及监察制度的开辟与实行，为扎根于中国传统文化的新时代中国特色社会主义制度自信培养提供了有益借鉴。

二、中国特色社会主义制度产生于中国共产党人的艰辛探索

邓小平同志曾经说过：“领导制度、组织制度问题更带有根本性、全局性、稳定性和长期性。”②可见，好的制度将直接关系政党和国家的发展。习近平总书

① 刘海年，杨一凡.中国珍稀法律典籍集成·乙编·第二册[M].北京：科学出版社，1994：36－44.

② 邓小平文选(第2卷)[M].北京：人民出版社，1994：333.

记进一步指出:“真正实现社会和谐稳定,国家长治久安,还是要靠制度……我们要更好发挥中国特色社会主义制度的优越性,必须从各个方面推进国家治理体系和治理能力现代化。”①可见,中国共产党一直注重抓好全党的制度建设。

(一)制度的价值与政治意识

制度的价值体现于其实现制度化以及培养的政治意识。制度的价值与政治意识蕴含在“为人民服务的宗旨”“民主集中制”和“群众路线”的思想中。这些都是我们党在长期的革命与建设实践中孕育和发展的重要理念。

首先,核心价值:为人民服务的宗旨。为人民服务的宗旨是由毛泽东同志提出并写入党章的。1939年2月,毛泽东同志就提出了“为人民服务”的重要论断。1942年毛泽东同志《在延安文艺座谈会上的讲话》中提出文艺应该要为人民服务。1944年9月,毛泽东同志发表了《为人民服务》的讲话,第一次全面且系统地阐述了“为人民服务”的思想。同年,毛泽东同志发表了《坚持为人民服务》。此后,毛泽东同志反复强调“为人民服务”,进而提出了“全心全意为人民服务”的思想。在党的七大上,毛泽东同志强调:“全心全意地为人民服务,一刻也不脱离群众;一切从人民的利益出发,而不是从个人或小集团的利益出发;向人民负责和向党的领导机关负责的一致性;这些就是我们的出发点。”②在党的七大上,“为人民服务”第一次被写入党章。由此,中国共产党人明确了自己的根本宗旨就是全心全意为人民服务。新中国成立后,毛泽东同志仍然强调为人民服务的思想。针对个别干部存在“全心全意为人民服务的精神少了”的情况,毛泽东同志强调:“共产党就是要奋斗,就是要全心全意为人民服务,不要半心半意或者三分之二的心三分之二的意为人民服务。”③新时代,在加强党的建设中,习近平总书记也强调:“能否保持党同人民群众的血肉联系,决定着党的事业的成败。”④

其次,根本组织制度和领导制度:民主集中制。中国共产党是按照民主集中

---

① 中共中央文献研究室.习近平关于社会主义政治建设论述摘编[M].北京:中央文献出版社,2017:5.

② 毛泽东选集(第3卷)[M].北京:人民出版社,1991:1094-1095.

③ 毛泽东文集(第7卷)[M].北京:人民出版社,1999:285.

④ 习近平谈治国理政(第1卷)[M].北京:外文出版社,2018:367.

原则组织起来的。

民主集中制也经历了一个逐步发展的过程。党的一大通过的《中国共产党纲领》虽然没有明确提出民主集中制，但纲领的第三条明确规定，“我党采取苏维埃的形式”，即用党的委员会形式来确立集体领导制度，决定重大问题则是由委员会集体进行讨论。第十五条规定，如果要修改这个纲领，必须经过全国代表大会三分之二的代表通过后才可以进行修改。这一方面强调了党内民主，另一方面又强调了集中，要求个人必须服从组织，地方组织必须服从中央。在陈独秀给一大代表的信中直接提出了共产党应该是实行民主集中制的党：在党内生活中，既要坚持民主指导，又要有纪律的思想。1922 年 7 月党的二大通过的《中国共产党章程》第一次明确表述了民主集中制的基本思想。1925 年 1 月召开的党的四大通过的《对于组织问题之议决案》中提出：“实行民主的集权主义。”1927 年党的五大首次把民主集中制写入党章。1928 年党的六大通过的党章中把民主集中制具体化为三项根本原则。

抗战时期，1937 年 10 月，毛泽东同志强调“民主和集中之间，并没有不可越过的深沟”，民主集中制“是民主的，又是集中的，将民主与集中两个似乎相冲突的东西，在一定形式上统一起来”①。在党的七大上，毛泽东同志做了《论联合政府》的报告，进一步阐释民主集中制，指出民主集中制是“在民主基础上的集中，在集中指导下的民主”②。党的七大把毛泽东同志提出的“四个服从”的意见也写入党章，并详细规定了民主集中制的主要内容。

在新中国成立后，民主集中制思想有了进一步发展。1956 年党的八大要求全党切实贯彻民主集中制，坚决实行集体领导原则。邓小平同志全面阐述了扩大党内民主、正确处理上下级关系、完善党的集体领导和个人负责相结合的制度等内容。习近平总书记非常重视民主集中制对我们党发展的现实意义。2014 年，在庆祝全国人民代表大会成立 60 周年大会上，习近平总书记更是明确指出：“民主集中制是中国国家组织形式和活动方式的基本原则。”③同时，他更注重民

① 毛泽东选集（第 2 卷）[M].北京：人民出版社，1991：383.

② 毛泽东.论联合政府[M].北京：人民出版社，1975：38.

③ 习近平.在庆祝全国人民代表大会成立 60 周年大会上的讲话[N].人民日报：2014 - 09 - 06.

主集中制在强化党内监督中的作用，强调“坚持民主集中制是强化党内监督的核心”。①

再次，根本工作路线：群众路线。群众路线是中国共产党的“三大法宝”之一。1922年党的二大通过的《关于共产党的组织章程决议案》明确指出，党的一切运动都应该深入到群众中去。1928年，党的六大作出了“党的总路线是争取群众”重要论断。1929年9月，周恩来同志在《中共中央给红军第四军前委的指示信》里论述了红军与群众的关系，第一次明确了群众路线的含义。他强调，“不要由红军单独去干”，而要“经过群众路线”。同年12月，毛泽东同志在《红军第四军第九次代表大会决议》中运用了“群众路线”这一概念。遵义会议后，以毛泽东同志为代表的党中央正确阐述抗日民族统一战线的策略和方针，批评了“左”倾关门主义脱离群众的错误领导方式，明确提出，要大胆地运用广泛的统一战线，“深入到千千万万的群众中去，不怕可能发生的某种错误，从斗争中去学习领导群众的艺术”②。1943年，毛泽东同志在《关于领导方法的若干问题》中，对群众路线进行科学概括：“在我党的一切实际工作中，凡属正确的领导，必须是从群众中来，到群众中去。这就是说，将群众的意见（分散的无系统的意见）集中起来（经过研究，化为集中的系统的意见），又到群众中去作宣传解释，化为群众的意见……这就是马克思主义的认识论。”③1945年，毛泽东同志在《论联合政府》中，把和最广大人民群众取得最密切的联系作为共产党人区别于其他任何政党的一个显著标志，作为中国共产党人的根本作风之一，群众路线也被正式写入党章。新中国成立后，邓小平同志在《关于修改党的章程的报告》中指出：“什么是党的工作中的群众路线呢？简单地说来，它包含两方面的意义：在一方面，它认为人民群众必须自己解放自己；党的全部任务就是全心全意地为人民群众服务；党对于人民群众的领导作用，就是正确地给人民群众指出斗争的方向，帮助人民群众自己动手，争取和创造自己的幸福生活。……在另一方面，它认为党的领导工作能否保持正确，决定于它能否采取‘从群众中来，到群众中去’的方法。”④1981年

① 习近平.在第十八届中央纪律检查委员会第六次全体会议上的讲话[N].人民日报：2016-06-05.

② 张闻天选集[M].北京：人民出版社，1985：75.

③ 毛泽东选集（第3卷）[M].北京：人民出版社，1991：899.

④ 邓小平文选（第1卷）[M].北京：人民出版社，1994：217.

《关于建国以来党的若干历史问题的决议》把群众路线概括为“一切为了群众，一切依靠群众，从群众中来，到群众中去”。2013 年，习近平总书记再次强调：“群众路线是我们党的生命线和根本工作路线。”①

（二）制度的规矩、法治意识

纪律是党的生命线。中国共产党历来重视纪律建设，强调用铁的纪律来管党治党，制定了一系列规章制度和决议案，坚持制度治党和依规治党，不断增强党的纪律意识和法治意识。

抗战时期，党的六届六中全会通过了《关于中央委员会工作规则与纪律的决定》《关于各级党委暂行组织结构的决定》《关于各级党部工作规则与纪律的决定》等一系列制度建设和纪律建设方面的文件，对党的纪律建设提出了明确要求。随后还通过了《关于抗日根据地党的领导及调整各组织间关系的决定》《中央机构调整及精简决定》等重要决定。解放战争时期，1948 年，毛泽东同志起草了《关于健全党委制》的决定。新中国成立后，中共中央政治局又制定了一系列重要制度。如《关于成立中央及各级党的纪律监察委员会的决定》《中共中央关于加强纪律监察工作的指示》《关于成立党的中央和地方监察委员会的决议》《中国共产党农村基层组织工作条例试行草案》等。这些决定、决议和指示极大地加强了党的组织纪律和制度建设，为培养全党的制度意识筑牢了防线。

同时，党纪的监督作用至关重要。1938 年，毛泽东同志在党的六届六中全会上做了《论新阶段》的报告，指出：“纪律是执行路线的保证，没有纪律，党就无法率领群众与军队进行胜利的斗争。”②刘少奇同志在这次会议上则专门做了一个关于党规的报告。随后，中共中央又制定并通过了一系列文件，包括任弼时同志主要负责起草的《关于增强党性的决定》、毛泽东同志负责起草的《关于调查研究的决定》以及《关于统一抗日根据地党的领导及调整各组织间关系的决定》等。这些规章制度对于进一步巩固中国共产党的集中统一，加强我们党对抗战的领导，改进和完善抗日根据地的党政军民关系，并最终夺取抗战胜利，发挥了重要作用。

① 习近平谈治国理政(第 1 卷)[M].北京：外文出版社，2018：365.

② 中共中央文件选集(第 11 册)[G].北京：中共中央党校出版社，1991：651.

新时代,习近平总书记在回顾我国宪法制度发展历程时强调:“要健全权力运行制约和监督体系,有权必有责,用权受监督,失职要问责,违法要追究,保证人民赋予的权力始终用来为人民谋利益。”①

（三）制度意识的培养

所谓党的制度意识,是指党员关于党的制度的观点、思想、心理和知识的总称。② 党的制度意识是社会意识的一种特殊形式,是党的制度建设的特殊且重要的组成部分。长期以来,我们党在制度意识的培养上积累了成功经验,形成了有效路径。

1. 制度意识之基——学习和整风

正确的思想意识、科学的理论观点不是凭空产生的,而是需要人们发挥主观能动性去发现、学习和实践的。我们党历来重视抓全党特别是领导干部的学习,注重通过学习教育来提升党员的党性修养和制度意识。

从学习内容来看,马克思主义理论是学习的首要内容。抗日战争时期,中国共产党在延安和各抗日根据地开展的整顿党的作风活动,就是马克思主义教育运动。为此,1941 年和 1942 年,毛泽东同志做了《改造我们的学习》《整顿党的作风》《反对党八股》的报告,就是在号召全党一起反对主观主义,以此来整顿学风;反对宗派主义,以此来整顿党风;反对党八股,以此来整顿文风。中共中央宣传部发出了《关于在全党进行整顿三风学习运动的指示》,由此开始了全党范围的整风运动。通过整风运动,提高了党员的马列主义理论水平,让全党同志在思想上、政治上和组织上达到了空前的团结和统一。整风运动的重大成果是在党内外展开了怎样以从实际出发的观点,而不是以教条主义的观点来对待马克思主义,怎样更好地实现马克思主义基本原理与中国革命的实际的有机结合,以及怎样对待 20 世纪 30 年代前期党内两条路线斗争中的一些重大问题的大讨论。通过这些讨论,巩固了马克思列宁主义思想在党内外的阵地,对培养党员干部的制度意识提供了有效路径。

---

① 习近平在首都各界纪念现行宪法公布施行 30 周年大会上发表重要讲话强调:恪守宪法原则弘扬宪法精神履行宪法使命　把全面贯彻实施宪法提高到一个新水平[N].人民日报,2012-12-05.

② 郝建平.论中国共产党制度建设[M].石家庄:河北人民出版社,2007:218.

理论学习后，要在实践中筑牢制度意识。“人的正确思想是从哪里来的？是从天上掉下来的吗？不是。是自己头脑里固有的吗？不是。人的正确思想，只能从社会实践中来。”①这是毛泽东同志对社会实践对培养人的正确思想重要性的认识。习近平总书记进一步明确指出：“增强本领就要加强学习，既把学到的知识运用于实践，又在实践中增长解决问题的新本领。”②通过参加党的制度实践活动，在实践中认识制度建设的内涵、特点、作用和重要性，认识制度建设的规律，对于加强党的制度意识意义重大，也是一条切实可行的路径。

2. 制度意识之源——密切联系群众

密切联系群众是我们党最大的政治优势，也是培养党员干部制度意识的实践路径，更是力量之源。中国共产党在长期的革命斗争和社会主义建设中，一直秉持着全心全意为人民服务的根本宗旨，同广大人民群众建立了密切的血肉联系和鱼水关系。毛泽东同志在 1942 年延安整风运动中提出了密切联系群众的工作作风。1945 年，毛泽东同志在《论联合政府》中强调指出：“我们共产党人区别于其他任何政党的又一个显著的标志，就是和最广大的人民群众取得最密切的联系。全心全意地为人民服务，一刻也不脱离群众；一切从人民的利益出发，而不是从个人或小集团的利益出发。”③密切联系群众，要求中国共产党人的一切言行，都必须符合最广大人民群众的最大利益。习近平总书记进一步强调指出：“我们党来自人民、植根人民、服务人民，一旦脱离群众，就会失去生命力。”④

3. 制度意识之本——严格执行纪律

中国共产党诞生后，在建章立制的过程中特别注重纪律建设，并取得了“制度治党”的重要成效。严格执行纪律是党不断发展壮大的法宝，“身为党员，铁的纪律就非执行不可”⑤。特别是在革命战争时期，在严格执行纪律的过程中，加强了制度意识的培养，其中着力维护和加强了政治纪律、组织纪律和群众纪律。

其一，维护政治纪律。政治纪律是最重要、最根本、最关键的纪律。第一次

① 毛泽东著作选读(下册)[M].北京：人民出版社，1986：839.

② 习近平在中央党校建校 80 周年大会暨开学典礼上发表重要讲话：在全党大兴学习之风　依靠学习和实践走向未来[N].光明日报，2013-03-02.

③ 毛泽东选集(第 3 卷)[M].北京：人民出版社，1991：1094-1095.

④ 习近平谈治国理政(第 3 卷)[M].北京：外文出版社，2020：135.

⑤ 毛泽东文集(第 2 卷)[M].北京：人民出版社，1993：416.

国内革命战争的失败，中国共产党付出了沉痛的代价，强调要加强“与中央保持一致”为重点的政治纪律建设。“三湾改编”强调了“一切行动听指挥”。1928年在《中共中央告全体同志书》中，中国共产党中央执行委员会旗帜鲜明地强调“坚决反对一切不正确的政治倾向，坚决反对各种非无产阶级的意识”[①]，肃清机会主义、盲动主义、命令主义的错误偏向，批评了极端民主化、机会主义、个人意气之争、小组织倾向、消极怠工等错误倾向。延安时期，为纠正党内的各种非无产阶级思想，1942年毛泽东同志在《整顿党的作风》中强调：“要提倡顾全大局。每一个党员，每一种局部工作，每一项言论或行动，都必须以全党利益为出发点，绝对不许可违反这个原则。”[②]由此，在全党维护和加强了“与党中央保持一致”的政治纪律。新时代，面对新的挑战和任务，习近平总书记更强调指出，党员领导干部必须“要带头执行党的政治纪律，自觉维护中央权威，厉行工作规程，做到令行禁止，保证中央政令畅通”[③]。

其二，加强组织纪律。党的组织纪律是党维护组织上的团结统一的行为准则。特别是在严峻复杂的斗争环境中，组织纪律直接决定着党和革命的前途命运。“四个服从”是党章规定的党的民主集中制的原则之一，也是党员必须遵守的实现党的统一和集中的组织纪律。“‘四个服从’中，最根本的是全党服从中央。”[④]毛泽东同志在1929年召开的古田会议上特别强调了组织纪律的重要性。抗战时期，《论新阶段》也特别强调组织纪律。纪律是我们党正确执行路线的重要保证。没有纪律，我们党就难以率领广大人民群众和军队开展斗争，争取胜利。1942年，毛泽东同志针对党内宗派主义的残余问题时，再次强调了“四个服从”。党的六大之后，党强调和执行以“四个服从”为核心的组织纪律，成为扭转危难局面的重要组织基础，也为党的组织纪律建设找到了正确的方向。

其三，严明群众纪律。中国共产党历来重视严明群众纪律。土地革命战争时期，为了端正党纪、军纪，在毛泽东同志的亲自指挥下，党为红军制定了《三大纪律六项注意》，后来发展成为《三大纪律八项注意》的群众纪律。其中，包括“不

---

① 中共中央文献研究室，中央档案馆.建党以来重要文献选编(第5册)[G].北京：中央文献出版社，2011：709.

② 毛泽东选集(第3卷)[M].北京：人民出版社，1991：821.

③ 习近平.认真学习党章　严格遵守党章[N].光明日报，2012-11-20.

④ 习近平.在第十八届中央纪律检查委员会第六次全体会议上的讲话[N].人民日报，2016-05-03.

拿群众一针一线”“借东西要还”“损坏东西要赔”“不打人骂人”等。由于有了严明的群众纪律，红军获得了群众的广泛支持和拥护，在战争中不断发展壮大，逐步由弱到强。抗日战争时期，八路军政治部颁布了《八路军抗日三大纪律》，新四军政治部重新公布了《三大纪律十项注意》。解放战争时期，1947 年毛泽东在发给彭德怀的电报中，提出务必要特别注意部队群众纪律问题。同年 10 月，毛泽东同志起草的《中国人民解放军总部关于重行颁布三大纪律八项注意的训令》，把“三大纪律八项注意”作为全军统一纪律固定下来。各个军区还在此基础上，根据各地实际情况，制定更严格的规定，如《亚洲司令部关于部队改变及行军纪律的命令》《机关部队转移前后应该遵守的事项》等。当前在建设中国特色社会主义伟大实践中，习近平总书记更加强调党员干部严明群众纪律的重要性：“反对官僚主义，要着重解决在人民群众利益上不维护、不作为的问题，教育引导党员、干部深入实际、深入基层、深入群众，坚持民主集中制，虚心向群众学习，真心对群众负责，热心为群众服务，诚心接受群众监督”[①]。

第三节　中国特色社会主义制度自信教育的实践逻辑

制度是一种规范体系，目的在于实现特定目标与价值追求。青少年的制度自信教育，需要深入研究中国特色社会主义制度的实践逻辑。就现实角度而言，中国特色社会主义制度建设成果丰厚，为推进国家治理体系与治理能力现代化提供了强有力的现实基础。制度建设具有根本性，正是坚持了中国特色社会主义制度，中国社会主义建设才实现了一次次腾飞。进入新时代，面临国内外前所未有之大变局，进行制度自信教育正当其时。教育引导新时代青少年深刻理解中国特色社会主义的显著优势，不断增强对党领导人民创造“两大奇迹”背后所蕴含“制度密码”的理性认同，为坚持和完善中国特色社会主义制度、推进国家治理体系和治理能力现代化注入源源不断的后发力量。

一、中国特色社会主义制度坚守以人民为中心的价值立场

立场决定行为。马克思认为，人与人之间从一开始就具有某种物质联系。

① 中共中央文献研究室.十八大以来重要文献选编(上)[M].北京：中央文献出版社，2014：314.

这种联系随着社会发展不断以新的形式出现。但不论何种形式，立场问题都是一个根本性的问题。

人民立场强调人的主体性，但这种主体性是基于人的社会关系，体现为社会性中的主体性。“立场，是人们观察、认识和处理问题的立足点。”①站在个人立场上，则会一切从个人利益出发；如果站在民族大义、人民大众、人类命运的立场上，则会更有利于民族、社会、人类整体利益的发展。汪精卫早年是孙中山先生的得力助手，但他最终站在了个人立场上，将自己的私欲置于人民群众整体利益之上，最终与蒋介石同流合污。“宁汉合流”之后，汪精卫走上了背叛革命、背叛民族的道路。我们党内也不乏这样的案例。张国焘在五四运动时期，积极投身革命，但随着其个人影响的提升，个人立场就逐渐凸显，置党的利益于不顾，最终叛变投敌。

中国共产党成立以来，始终坚持人民的政治立场，将“对党忠诚，不负人民”的精神写在祖国大地上。人民，只有人民是中国共产党为之奋斗的目标；人民的利益是中国共产党的最高利益。以人民为中心，就是一切从维护人民的利益出发。人民是历史的创造者，那么从逻辑上讲，中国共产党发展目的就应该是为了人民，实践上就应该做到发展成果由人民共享。这就从哲学高度回答了从哪里来、到哪里去的历史之问，形成一个从人民中来、最终还要回到人民中的逻辑闭环。习近平总书记多次强调：“中国共产党人的初心和使命，就是为中国人民谋幸福，为中华民族谋复兴。”②中国共产党以人民为中心的政治立场决定了中国特色社会主义制度是为国家、民族与人民谋发展的制度。

进入新时代以来，实现人民对美好生活的向往成为社会发展的主要目标。美好生活的实现需要进一步发展社会生产力，生产力的发展需要与之相适应的体制机制。社会主义市场经济体制的完善，还需要政府职能的进一步转变。党的十八大报告上，习近平总书记指出要全面深化改革，本质上在于促进中国特色社会主义制度向着有利于社会生产力的方向转变。中共中央关于制定我国第十

① 习近平.深入学习中国特色社会主义理论体系　努力掌握马克思主义立场观点方法[J].求是，2010(07).

② 习近平.决胜全面建成小康社会　夺取新时代中国特色社会主义伟大胜利——在中国共产党第十九次全国代表大会上的报告[M].北京：人民出版社，2017：1.

四个五年规划的建议稿中指出，我国社会主义现代化的内容包括政治、经济、文化、社会、生态、国防、军事等方面全方位的现代化，最终落在共同富裕。只有不断提升国家治理效能，实现国家治理体系与治理能力现代化，才能达成共同富裕的目标，实现以人民为中心的立场坚守。

二、中国特色社会主义制度具有显著优势

社会主义现代化的实现，制度层面的要素是最根本的。制度决定了国家的性质与社会矛盾的性质。资本主义制度决定了其资本主义国家服务于资产阶级的本质，以及资产阶级与无产阶级间的对抗性矛盾；社会主义制度决定了社会主义国家服务于广大人民群众的本质，以及社会矛盾仅限于人民内部且具有非对抗性的性质。国家间的竞争说到底就是不同制度的竞争。中国特色社会主义制度的显著优势，在于其大大提升了中国发展的历史高度。党的十九届四中全会聚焦于国家制度改革之中的若干重大问题，系统总结了中国特色社会主义制度中政治、经济、文化、社会、组织、军事国防、祖国统一、国际外交等13个方面的显著优势。

具体而言，每一种优势都是在总结过去经验的基础上形成的。党的十九大报告提出要推进党的建设新的伟大工程，并在党的基本方略中，把“坚持党对一切工作的领导”放在“十四个坚持”的首位。这是为过去革命、建设与改革的实践所证明的正确方针。党的十一届三中全会以后，在党的统一领导下，确立了社会主义市场经济体制，中国经济得到了迅速发展，经过改革开放数十年的发展，一跃成为世界第二大经济体。因此，坚持党的统一领导是我国国家制度最显著的优势。坚持群众路线，是中国共产党的传统，也是对马克思主义群众史观的继承与发展。人民群众是历史的创造者，依靠人民群众，激发群众的首创精神，能够为社会发展爆发出强大力量。中国革命、建设与改革的胜利，离不开中国共产党的领导，更离不开广大人民群众的支持与帮助，千千万万群众是中国革命与事业的无名英雄。社会主义经济体制合理地解决了公有制与其他所有制的关系，以及按劳分配与其他分配方式的关系。这种经济体制并没有违背马克思主义基本原理。在马克思看来，社会主义是走向共产主义社会的一个过渡阶段，这个阶段最突出的特点是无产阶级专政。那么，这个阶段就必然存在很多既不同于共产

主义社会，也不同于资本主义社会的制度与发展模式。邓小平同志科学论证了市场经济姓“资”姓“社”的问题，市场经济本身并没有问题，问题在于领导权掌握在无产阶级还是资产阶级手中，由此最终确立了实行社会主义市场经济。实践证明，社会主义市场经济大大促进了社会生产力的发展，在经济制度对比上具有显著优势。因此，党的十九届四中全会正式把社会主义市场经济体制确立为基本经济制度。各个“显著优势”都需要在新时代中国特色社会主义建设中继续保持，并将仍然发挥巨大效用。

中国特色社会主义制度 13 个方面的显著优势，不仅体现为相对独立的个体优势，还体现为不同优势自由组合所形成的集成优势，从系统思维角度构成了一个严密的有机整体。党的集中统一领导，是中国共产党带领中国人民在革命、建设、改革的一次次危机中转危为安的首要因素。人民当家作主是中国社会主义建设的本质。群众路线是党的根本工作路线。人民群众的支持是维护党执政根基的重要保证。群众路线使党能够凝聚广大群众力量与智慧。全面依法治国是保证国家治理能够保持公平正义、人民权利得到有效保护的重要手段。党的利益、人民的利益、社会的利益高度一致，是党能够全面协调社会各方，集中力量办大事的根本所在。中国是一个多民族的共同体。全国各民族一律平等是实现各族群众对党拥护的基础，也是实现民族团结的必需。社会主义基本经济制度解决了社会主义与资本主义制度认识的传统偏见，实现了利用资本主义市场经济优势发展社会主义经济的成功尝试。在实践活动中，社会主义文化随之而不断丰富与发展，从而凝聚成强有力的中国精神。在社会主义经济制度下，坚持改革创新，大大激发社会生产活力，是社会主义经济取得发展的必由之路。人才是衡量国家制度的一个重要标准，党内在领导干部选拔中，尤其要抓住这个“关键少数”；党外人才选拔中，也要能够充分挖掘与释放人的潜力。以德才兼备、选贤任能的标准，使得各个岗位人尽其才，德配其位。军队是保障国家门户安全的卫士，是社会能否有序发展的外围保障。坚持党指挥“枪”，才能保证国家军队的人民立场与性质。人类社会自国家产生以来，追求国家统一历来都是人民的渴望。对于历史遗留问题，需要用历史的眼光与方法去解决，“一国两制”是人类历史上前所未有的制度，也是解决港澳台问题的最佳方案。马克思所讲的世界历史是必然的，在中国与世界各国愈益密切的交往中，既要保持自身独立自主，又要扩大对外开放，为世界发展作出贡献，才能稳立世界民族之林。

中国特色社会主义制度的13个显著优势互相紧密关联，共同促成国家制度体系的相对完整性与运行的有效性。例如，计划经济体制时期，我们集中力量只用了20年左右的时间就建立起社会主义工业体系。改革开放以来，我们逐渐学习并引进资本主义社会市场经济的发展要素，发展了社会主义商品经济，利用市场经济的灵活性与时效性实现了跨越式发展，取得了举世瞩目的伟大成就，实现了国民经济与社会发展的历史性巨变。党的面貌、国家的面貌、人民的面貌、军队的面貌、中华民族的面貌焕然一新。党的十八大以来，凭借集中力量办大事的制度优势，一大批重大创新工程取得新的突破，在科学技术领域走进世界前沿；832个贫困县全部脱贫摘帽，我国脱贫攻坚战取得全面胜利。这些都体现了中国特色社会主义制度的优势与力量。

三、中国特色社会主义制度创造了"两大奇迹"

国家制度管不管用，实践是最好的检验标准。新中国成立以来，中国共产党领导全国人民创造了经济持续增长和社会长期稳定的"两大奇迹"，充分证实了中国特色社会主义制度的优越性。

经济基础决定上层建筑，经济发展状况直接决定着国家政治、社会、文化、生态、军事等方面的发展。新中国成立70余年来，我们完成了发达资本主义国家数百年的工业化历程。自2010年以来，我们一直稳居世界第二大经济体的地位。国家实力得到显著提升，发挥着越来越大的国际影响力。物质生活上，实现了从新中国成立初期的一穷二白到全面建成小康社会。脱贫攻坚战的全面胜利，使得"区域性整体贫困得到解决，完成了消除绝对贫困的艰巨任务，创造了又一个彪炳史册的人间奇迹"①。这些成果是在产业扶贫、教育扶贫、科技扶贫、健康扶贫等多方发力基础上完成的，体现在各行各业紧锣密鼓的艰辛奋斗中。社会主要矛盾也从过去的人们对物质文化的需要与落后的社会生产之间的矛盾，转变为人民日益增长的美好生活需要和不平衡不充分的发展之间的矛盾。这一转变，凸显了人民群众在物质生活得到满足的基础上，进而产生的精神文化需

① 习近平.在全国脱贫攻坚总结表彰大会上的讲话[N].人民日报，2021-02-26.

求。这也说明，中国特色社会主义制度引领下，中国社会在经济发展方面取得的巨大成就，为进一步完善中国特色社会主义制度奠定了较为坚实的物质基础。

中国经济发展在满足自身需要的同时，也对世界做出了重要贡献。就全面脱贫而言，“按照世界银行国际贫困标准，我国减贫人口占同期全球减贫人口70%以上……提前10年实现《联合国2030年可持续发展议程》减贫目标”，同时，“我们积极开展国际减贫合作，履行减贫国际责任，为发展中国家提供力所能及的帮助，做世界减贫事业的有力推动者”。① 中国已成为拉动世界经济增长的第一领跑者，年均贡献率达18%左右，近几年高达30%。习近平总书记“一带一路”倡议的提出，不仅是中国自身发展的需要，也是作为马克思主义政党解放全人类理性信念的追求。习近平总书记在多个场合反复强调“一带一路”倡议的深刻内涵，欢迎沿线国家能够搭乘中国发展的快车，实现共建、共治、共享发展。新时代中国共产党的一系列举措，无不彰显出中国道路的正确，本质在于中国特色社会主义制度的科学性、先进性与优越性。

在社会发展方面，我国长期保持社会和谐稳定、人民安居乐业，与一些西方国家出现政治衰败、治理困境形成鲜明对比。当今的中国在世界大变局中竖起新的航标，成为国际社会公认的最有安全感的国家之一。社会稳定的首要基础是人民的物质文化生活得到基本满足，即经济基础得到保证。与此同时，意识形态是决定社会凝聚力、维护政权统一极为重要的因素。政权是否统一是国家能否保持稳定、集中力量办大事的关键。中国地域广袤、民族众多，要使国家稳定，必然要保证党中央的权威。党中央权威的形成靠的是中国共产党全心全意为人民服务的人民立场。中国共产党以民主集中制作为党的根本组织制度和领导制度，保证党内外民主基础上的集中，集中指导下的民主，既民主又集中。同时，中国共产党十分重视党的领导，经过一元化领导、党政分开、党的集中统一领导等领导模式的探索与尝试，历史证明，“党政军民学，东西南北中，党是领导一切的”②。习近平总书记在党的十九大报告中提出要加强党的全面领导，坚持政治意识、大局意识、核心意识、看齐意识，而这也是保证我国社会长期稳定的重要方

① 习近平.在全国脱贫攻坚总结表彰大会上的讲话[N].人民日报，2021-02-26.

② 习近平.决胜全面建成小康社会　夺取新时代中国特色社会主义伟大胜利——在中国共产党第十九次全国代表大会上的报告[M].北京：人民出版社，2017：20.

法。2020年,新冠肺炎疫情暴发,在党中央的统一部署下,全国人民齐心协力,听党指挥,共同抗击疫情。从疫情控制速度与规模、社会经济活动渐次恢复运行、疫苗研发及全民免费接种的推进等一条龙部署,最大限度地保护了人民生命财产安全与社会秩序的良好运行。相较之下,至今仍然有许多国家的疫情尚未得到有效控制。这一切更加突出证明了中国特色社会主义制度指导下的实践之成功。

党的十八大以来,中国经济发展进入新常态,发展前景依然向好。对于未来的经济增长方式,由重经济效益转向重经济质量与效益,高质量发展成为发展的重中之重。面对国内外发展环境的变化,在体制机制上,经济结构调整为以供给侧结构性改革为主线,转变生产、原料与销售的旧有格局,转向以"国内大循环为主,国际国内双循环"的新发展格局,突破生产力发展的桎梏,实现国家更加全面的发展。可见,探寻创造"两大奇迹"背后的密码,归根结底是源于国家制度和国家治理体系的强大生命力和巨大优越性,彰显出中国共产党领导和我国社会主义制度的政治优势。

第三章 青少年制度自信教育的价值意蕴

青少年兴则国家兴，青少年强则国家强。进入新时代，随着国家治理体系和治理能力现代化建设的深入推进，青少年制度自信及其教育问题逐步成为党中央关注和强调的重点。以习近平同志为核心的党中央不仅立足实现国家治理体系和治理能力现代化的战略高度，明确指出“要加强制度宣传教育，特别是要加强对青少年的制度教育”①，还从严格遵守和执行制度的现实出发，突出强调“要把制度自信教育贯穿国民教育全过程，把制度自信的种子播撒进青少年心灵”，强调“要坚定制度自信，强化制度意识，以主人翁的姿态自觉尊崇制度、严格执行制度、坚决维护制度”②。这些重要论述既明确了新时代开展制度自信教育的关键对象，也指明了进一步加强青少年教育的目标方向。

作为人的一种主观心理状态，制度自信不是自发产生的，而是需要经过一定的有目的、有计划、有组织实施的教育和影响后，方能形成的结果状态。它既是对以往制度实践的理性判断与高度认同，又是对未来制度发展的充分信任与坚定信念。加强青少年制度自信教育不仅有助于通过思想观念的产生直接作用于制度认同的构建，而且还能够在正确认知中国特色社会主义制度本质特征和优越性的过程中坚定制度自信，并在此基础上提升制度实践效能。基于此，正确认识青少年制度自信教育的现实意义，在不断增强制度自信培养的积极性、主动性基础上，合理规划青少年制度自信教育路径，进而有效提升制度自信教育效果，便成为新发展阶段青少年制度自信教育的必然选择。

---

① 习近平总书记在主持中共中央政治局第十七次集体学习时的重要讲话[N].人民日报，2019-09-25.

② 习近平.坚持和完善中国特色社会主义制度推进国家治理体系和治理能力现代化[J].求是，2020(1).

第一节　应对世界百年未有之大变局的时代诉求

“凡将立国，制度不可不察也。”[①]用历史的角度看，制度既是区别和判断国家性质的重要标尺，同时也是衡量和评价国家发展程度的重要变量。可以说，尽管国家与国家之间的竞争是全方位、多层次的，但本质上还是制度之争。能否始终坚持和发展本国制度，坚定广大人民群众尤其是青少年对本国制度的自信，是关系国家前途命运的根本大事。特别是当今世界正处于大发展、大变革、大调整的关键时期，相比于新航路开辟以及两次世界大战之后西方资本主义国家所主导构建的国际格局，在当前世界格局演变的过程中最突出特征就是广大发展中国家的群体性崛起。这使得由西方资本主义国家主导的世界格局发生深刻变革，同时也导致全球治理体系发生了结构性重塑。因此，要在新一轮全球格局调整中占据主动、赢得优势，在大变局、新格局中充分彰显出中国特色社会主义制度的显著优势，为人类社会发展做出更大贡献，就必须持续加强在全社会开展制度自信的教育，特别是面向作为经济社会建设发展“生力军”的青少年一代，有针对性地开展好制度自信的教育，积极引导其自觉树立制度意识，增强制度自信。

一、对青少年制度进行自信教育是应对世界百年未有之大变局的现实选择

世界潮流，浩浩荡荡。面对世界百年未有之大变局，尽管需要多措并举，采取有力方式积极应对，但根本之道还是在于国家自身的发展壮大。习近平总书记在2018年召开的中央外事工作会议上总结党的十八大以来我国对外工作经验时明确指出：“要坚持统筹国内国际两个大局，坚持战略自信和保持战略定力。”[②]这就表明，当前党和国家的对外工作有着清晰的战略思考和鲜明的目标导向。无论国际风云如何变幻，全面维护我国核心利益和正当权益始终是我们一切对外工作的出发点和落脚点。具体来看，维护我国核心利益和正当权益包括坚持和完

---

① 长治.商君书评注[M].武汉：武汉大学出版社，2019：73.

② 习近平在中央外事工作会议上强调：坚持以新时代中国特色社会主义外交思想为指导　努力开创中国特色大国外交新局面[N].人民日报，2018-06-24.

善中国特色社会主义制度。这不仅是因为中国特色社会主义制度植根于中国大地、具有深厚中华文化根基、深得人民拥护，是中华民族迎来从站起来、富起来到强起来伟大飞跃的根本制度保障，还因为它代表了人类社会发展和进步的方向。我们国家建设和改革发展成就的取得源于中国特色社会主义制度，将来中华民族伟大复兴中国梦的实现同样离不开中国特色社会主义制度。可以说，我国当前和将来最为核心的利益和正当的权益就是坚持和完善中国特色社会主义制度。因此，这就需要我们重点对面向未来并承担着新时代新任务的青少年这一关键群体加强制度自信的教育，这也是我们主动作为、持续应对世界百年未有之大变局的现实选择。

（一）对青少年制度进行自信教育是应对世界百年未有之大变局的题中之义

从国际关系变革来看，当今世界所处百年未有之大变局的形成的重要原因是世界各国经济社会的普遍发展。自冷战结束、东欧剧变、苏联解体，两极对峙的世界格局发生变化，美国虽居世界超级大国之位，但随着中国、欧盟、日本、印度、俄罗斯、巴西等国家和地区的兴起，世界多极化趋势日渐显著。与此同时，伴随着国家间综合实力竞争的加剧，无论是发达国家，还是发展中国家，均将经济社会发展视为头等大事。为在国际贸易中获得更多利益，各国资本、技术、人才、资源在全世界到处安家落户，彼此之间经济联系日益紧密，经济全球化深入发展。尤其是近年来信息科技、网络技术飞速发展，全球范围互联互动，广大发展中国家迅速接入互联网，在技术赋权下与发达国家之间的数字鸿沟不断缩小，全球价值链与国际分工体系逐步形成。

由此可见，全球化发展到互联网时代，加之第三世界的崛起，发展中国家越来越深度地参与到全球化进程之中。这不仅意味着全球化进程进入新的阶段，而且也预示着国际格局的深刻调整和国际治理体系的结构性变革。这就启示我们：当今世界格局虽波诡云谲，不确定、不稳定因素不断增加，但最根本、最关键的应对之道在于各国自身制度优势的发挥以及由此带来的综合国力的提升。可以说，我国要在大变局中稳住国际地位甚至争取战略主动地位，离不开国家制度效能及制度优势的充分发挥，更离不开全体国民特别是作为中国特色社会主义事业建设者和接班人的青少年群体的制度自信。教育和引导我国青少年正确认识中国特色社会主义制度及其显著优势，树立制度自信，增强坚持和发展中国特色社会主义制度的战略定力，是主动应对百年未有之大变局的题中应有之义。

（二）对青少年进行制度自信教育是应对世界百年未有之大变局的必然要求

要清醒地看到，当前我们正处于习近平总书记所说的百年未有之大变局，世情、国情正在发生深刻变化。和平与发展仍是当今时代主题，但不稳定、不安全的因素也仍然存在。就国内而言，中国特色社会主义进入了新时代，我国正处于实现中华民族伟大复兴的关键时期，各类挑战和风险交错叠加，改革发展稳定的任务艰巨。放眼国际，当今世界正在经历新一轮的大发展、大变革、大调整：首先，随着世界两极格局瓦解，之前被遮蔽的民族矛盾、种族矛盾、宗教矛盾、地区冲突逐步显现，日益成为影响地区稳定乃至全球发展的重要问题。无论是影响全球的金融危机，还是波及欧洲的难民潮，抑或朝核问题等，都随着世界各国联系的日益密切而成为影响全球发展态势的重要因素。其次，新一轮贸易保护主义、“逆全球化”思潮正在影响和推动着世界经济政治格局出现新变化。在2008年金融危机的影响下，“逆全球化”暗流涌动，不稳定、不确定因素显著增多。从英国脱欧到美国“退群”“砌墙”，贸易摩擦频发、民粹主义抬头，国际局势愈加严峻复杂。2020年初以来，新冠肺炎疫情的肆虐更是加速逆全球化。虽然这并不能阻碍全球化深入发展的历史潮流，但也预示着全球化正在遭遇波折与困境。

从人类历史发展规律来看，在经济全球化的时代背景下，社会主义和资本主义两种制度并存，也展现出各自的政治优势。应对当今世界百年未有之大变局，我们除了坚持中国特色社会主义制度，坚定不移推动国家稳定发展之外，还必须认清世界局势，正确认识当代资本主义制度和社会主义制度的发展变化，树立中国特色社会主义制度自信，努力做到“不畏浮云遮望眼”。加强青少年制度自信教育，关键是要教育引导广大青少年准确认识把握和理性分析应对国内国际两个大局，从“中国之治”与“西方之乱”的现实对比中全面客观认识当代中国、理性看待外部世界，深刻理解中国特色社会主义制度的建立、发展和成熟经受了历史考验和实践检验，增强制度认同和制度定力，正是中国共产党统揽“四个伟大”、团结带领人民夺取新时代中国特色社会主义伟大胜利、主动应对世界百年未有之大变局的迫切需要、必然要求和重要助力。

二、青少年制度自信教育是应对世界百年未有之大变局的关键抓手

从人类发展历史长河来看，应对百年未有之大变局不仅要着眼当下，还应该放眼未来。因为应对这一变局并非一蹴而就，而是一个长期的历史过程。实现什么样的变革、怎样变革最终取决于各国关系尤其是大国关系演变和发展趋势。就目前来看，尽管西方资本主义国家经济低迷、各类社会问题层出不穷，在第三世界崛起的推动下，世界政治经济秩序开始朝着更加合理的方向演变，但美国作为世界第一大国的国际地位没有改变，以美国为首的资本主义国家所主导构建的国际秩序格局也不会在短时间内有所变化。这将是一个中西方制度长期并存并且相互竞争的阶段。能否在变局中开新局、在危机中育先机，在这个长期历史变革中不断推动世界格局朝着有利于我国经济社会发展的方向演进，并积极承担起我国应有之责任，发挥出中国特色社会主义制度相对于资本主义制度的比较优势，将直接关系我国未来的发展。加强青少年制度自信教育正是坚持和加强中国特色社会主义制度的应有之义。通过系统教育，不断坚定青少年制度自信将是我们有效应对世界百年未有之变局的关键一着。

（一）青少年制度自信教育是应对世界百年未有之大变局的有效方式

从现实来看，世界百年未有之大变局亦即中西方矛盾和冲突不断加剧和升级的过程。近年来，从西方媒体对“中国威胁论”的大肆渲染，到“国强必霸”“大国必战”西方逻辑的不断抬头，再到外国企业诋毁新疆棉花对我国恶意抹黑，无不表明:西方资本主义国家并没有伴随着我国的日益崛起以及世界格局的变化改变对我国的态度，而仍然站在欧洲中心论等立场，企图采取一切手段遏制我国发展。特别是当我们逐步走向世界舞台中央、可以平视世界的时候，西方国家的防范甚至“围堵”必将更加突出。世界百年未有之大变局与全球各个国家都密切相关，我们不仅无法自行游离于世界变局之外，还必须积极认识变局，以更加行之有效的方式主动应对变局乃至引领变局。

为此，以青少年制度自信教育为抓手，坚定坚持以中国特色社会主义为根本，增强战略定力，始终确保我国在中国特色社会主义制度保障下行稳、致远。事实上，以青少年制度自信教育应对世界百年未有之大变局也正契合了制度自

信教育的当代使命。当今世界是开放的世界，也是多元的世界。世界变局必然引起人们思想观念的变化，青少年正是思维活跃、求知欲和好奇心强的群体，面对西方对我国所进行的文化输出和意识形态渗透，难免不受影响。通过加强青少年制度自信教育，引导青少年客观看待当前资本主义制度和中国特色社会主义制度的本质不同与阶段差异，通过横向对比，深化青少年对中国特色社会主义制度认知。这不仅能够推动青少年由对中国特色社会主义制度的感性认知上升到理性认同，更加坚定制度自信，而且还能够帮助青少年提升对西方意识形态文化宣传渗透的辨别和抵御能力，确保我国始终沿着中国特色社会主义道路奋勇前进。

（二）青少年制度自信教育是应对世界百年未有之大变局的重要举措

青少年是国家的未来，民族的希望。加强对青少年的教育始终是确保国家发展和民族振兴的重要举措。纵观当下，当代青少年都出生在改革开放之后的崭新时期，对于我国经济社会发展各方面制度建设的历史特别是起步阶段并没有亲身经历。因此，要想在百年未有之大变局中占据主动、赢得未来，确保中华民族伟大复兴的中国梦在中国特色社会主义道路上如期实现，就必须紧紧抓住青少年和制度这两大关键因素。只有赢得青少年才能赢得未来，只有坚持中国特色社会主义制度不动摇，才能确保中国始终屹立于世界民族之林。将二者有机联系起来的关键就是加强青少年中国特色社会主义制度自信教育。

从我国社会主义建设整体发展规划来看，加强青少年中国特色社会主义制度自信也是主动掌握世界变局，有效应对世界百年未有之变局的关键。党的十九大报告做出要在 21 世纪中叶将我国建设成富强、民主、文明、和谐、美丽的社会主义现代化强国的目标。这不仅对我国具有重大意义，同时也将对世界格局演变产生巨大影响。此时的青少年正是 21 世纪中叶各行各业的中流砥柱，他们对中国特色社会主义制度的认知与态度，将直接关系我国的长远发展和未来世界格局的演变。因此，加强对青少年群体的制度自信教育，特别是通过培养青少年中国特色社会主义制度自觉意识、自信理念和信仰力量，进而不断筑牢中国特色社会主义制度群众基础，不仅是对我国发展负责，还是对世界发展负责。只要我国始终坚持中国特色社会主义制度不动摇，世界的和平发展就多一份力量。

第二节　回归国民教育价值导向的应有之义

新的时代背景下，国民教育的开展需要明确自身的根本任务和价值导向，立德树人是其要遵循的重中之重。我国的社会性质决定了国民教育要沿着社会主义办学的方向，在习近平新时代中国特色社会主义思想的指导下，培养出一批又一批马克思主义者。引导学生增强中国特色社会主义制度自信，与新时代党的教育方针要求高度契合。学生认可、赞扬、拥护我国社会主义制度，积极投身到中国特色社会主义事业的建设浪潮中，是教育为中国共产党治国理政服务的充分体现，是对“四个伟大”的贯彻落实，是回归国民教育价值导向的应有之义。

一、青少年制度自信教育是回归国民教育价值导向的客观要求

将青少年制度自信教育融入国民教育全过程是对党的十九届四中全会精神和全会的决定的积极贯彻与落实，旨在增进广大青少年对中国特色社会主义制度的认识理解，包括基本内涵、本质特征、内容体系及其优越性，引导其逐步形成并日趋坚定对中国特色社会主义制度的自信，自觉尊崇、严格执行、坚决维护和积极发展中国特色社会主义制度。

（一）青少年制度自信教育是回归国民教育价值导向的逻辑旨归

中华民族要在新时代实现复兴腾飞，就要把教育当成重中之重的基础性工程持续有力地推进。教育事业一直处于我国治国理政优先发展的位置。这源于教育在党的长足发展、国家的繁荣富强、民族的复兴进程中具有确保相关事业后继有人的承继作用。党的教育方针是党的理论和路线方针政策在教育领域的集中体现[①]，是党和国家教育事业整体改革发展的“定盘星”，其研究制定和贯彻落实的情况，不仅在教育层面决定着发展理路与兴衰成败，也在国计民生

① 中央教育工作领导小组印发通知深入学习宣传贯彻党的教育方针[N].人民日报，2021-05-27.

的长足发展中发挥着重要的影响，甚至起着至关重要的作用。因为教育是面向人的基础性工程，教育的方向、水平、效果、目标的侧重会使一代人的价值观念、文化水平、技能应用产生相应的变化。人又是各个历史时期都最具有生产力的决定性因素，因此牢牢把握教育事业发展的风向标，对于国家长治久安具有深刻的影响。

改革开放以来，我国虽然以经济建设为中心，但是对教育事业的发展也是十分重视的。经济水平的增长使人民对精神文化生活的需求不断提高，同时教育也为经济腾飞提供了科教保障和新的发展路径。特别是党的十八大以来，中国特色社会主义建设的进程有序推进，对于新时代人才培养提出了新的要求，对教育事业的发展提出了新的方向，党的教育方针也在新形势下不断发展完善。2018 年召开的全国教育大会把教育事业发展明确提到了“国之大计、党之大计”的战略高度，从新的角度对党的教育方针做出符合时代要求的阐释与解读，明晰了方向与目标。教育的发展形势需要针砭时弊、客观辩证地去看待。习近平总书记在会上强调，“培养什么人，是教育的首要问题”①。这点明了教育的主要问题和主要方面。党的建设事业需要意志坚定、具有崇高理想信念的马克思主义接班人，国家富强、民族复兴需要顽强拼搏、不懈奋斗的社会主义建设者。这是关乎党、国家、民族前途命运的传承纽带和关键力量。在我国，教育要始终把握社会主义制度背景，在中国共产党的领导之下，引导青少年形成中国特色社会主义制度自信，进而使其在思想上具有自觉拥护社会主义制度，实现爱党、爱国、爱社会主义的内在统一；在实践上具有所学所做为中国特色社会主义事业服务，将个人理想与国家发展相统一的行动自觉。思想政治领导是党在领导教育事业过程中的重要环节和必然手段。这是因为思想决定行动。一代有理想、有抱负、有拼劲、有本领的青少年不仅可以带动社会进步，还能直接影响下一代青少年的成长进步与价值取向。同时，教育要有针对性、面向性。教育是有目的的培养，在社会主义制度下，发展人民满意的教育是应有之义。这不仅为教育工作在新时代的发展理路明确了目标方向，也提供了根本遵循。从这个意义上讲，将青少年

① 习近平在全国教育大会上强调：坚持中国特色社会主义教育发展道路　培养德智体美劳全面发展的社会主义建设者和接班人[N].人民日报，2018－09－11.

制度自信教育融入国民教育全过程,形成学生对党的领导的自觉拥护,强化制度自信、深化制度信仰、践行制度维护,与新时代党的教育方针的要求高度契合,是对"四个服务"的充分体现和贯彻落实。

(二)青少年制度自信教育是回归国民教育价值导向的重要维度

在中国共产党的领导下,教育始终是国之大计,我国的教育形势在不同的时代背景下分阶段、有序推进,收获了不俗的教育硕果,使我国在实现教育大国向教育强国的过程中稳步迈进。党的十八大以来,教育事业在中国特色社会主义事业全局中的战略地位得到了显著提升。将人才的代代培养提升为党治国理政的重要方略,不仅仅要求人才具有过硬的理论技术本领,更重要的是锤炼出他们坚定的信念追求和高尚的思想品格。因此,育人先育德,立德树人是党在教育中掌握"党的领导的坚强阵地"和"培养社会主义事业建设者和接班人的坚强阵地"的关键抓手,加强青少年制度自信教育是落实立德树人根本任务的必要之举。

党的十八大以来,以习近平同志为核心的党中央在中国大地上解决中国问题,将马克思主义中国化的进程推向新的层面,对于发展的新阶段、新情况、新方向在问题的导向进行了深入思考和长远擘画,沿着中国特色社会主义道路的方向,使制度建设步入了新的发展格局。"五位一体"的系统发展,使中国特色社会主义道路在建设进程中充分展现了活力,使发展的覆盖面兼顾了物质建设与精神需求。这是中国向世界提交的对社会主义理解和践行的"中国答案",也是世界社会主义社会发展浓墨重彩的一环,充分体现了根植中国大地的制度特色性、先进性、优越性。教育事业是中国特色社会主义事业的重要环节,决定了社会主义办学是我国教育坚定不移的方向。党在教育事业上起着全面统率领导的关键作用。这是充分发挥制度优势、办好具有中国特色的教育事业的必要规定和先决条件。因此,加强对青少年的思想引领和价值塑造,实施制度自信教育是落实国民教育价值导向的重要维度,是扎根中国大地办教育的必然之举。

二、加强青少年制度自信教育是回归国民教育价值导向的必要路径

加强中国特色社会主义制度自信教育,是对制度优势的充分体现和科学

解读，更是帮助青少年增强政治定力、提高政治认同、焕发青春动能的有效手段。2019 年 10 月 31 日，在党的十九届四中全会第二次全体会议上，习近平总书记强调，要把制度自信教育贯穿国民教育全过程，把制度自信的种子播撒进青少年心灵。再次强调制度自信教育的重要性，为加强制度自信教育的开展指明了实践方向，明确了加强青少年制度自信教育是回归国民教育价值导向的必要路径。

（一）加强青少年制度自信教育是回归国民教育价值导向的根本遵循

习近平总书记在全国高校思想政治工作会议上强调，我国高等教育要“为巩固和发展中国特色社会主义制度服务”①。事实上，不仅高等教育，基础教育和职业教育也应如此。新的时代背景与百年变局之下，我们的伟大使命要与民族复兴、国家富强、社会主义现代化紧密联系。伟大使命的实现不是一个短期瞬时的行为，而是需要代代传承、辈辈奋斗的长期历程。教育在青少年理想信念与行为实践培育上的重要作用不断凸显，而青少年制度自信教育融入国民教育全过程是新时代教育改革的有效抓手。这是因为教育事业不仅影响甚至决定着党的事业后继有人问题、国家兴旺发达问题，民族复兴和中华崛起问题，在此基础上，青少年制度自信教育积极回应了国民教育的根本任务，也恪守了社会主义建设者的培养原则，是回归国民教育价值导向的关键遵循。

青少年制度自信教育对坚持道路自信、理论自信、制度自信、文化自信具有重要的时代价值，对于在新时代培育和践行社会主义核心价值观，对于国民教育获得现代化建设、特色化办学、体系化发展，具有深远的战略意义。青少年制度自信教育与其具有内在的逻辑一致性。推进青少年制度自信教育进一步明晰了国民教育工作所要遵循的基本原则与方向目标，在一定程度上完善了中国特色社会主义教育理论体系。首先，青少年制度自信教育基于对教育传统的继承，也聚焦于新时代国民教育价值导向的发展理路；其次，青少年制度自信教育着眼于从教育实情出发，扎根中国大地，也强调面向世界的战略格局；最后，青少年制度自信教育既充分体现个人在社会群体中的发展要求与价值意蕴，又实现培养担

---

① 习近平在全国高校思想政治工作会议上强调：把思想政治工作贯穿教育教学全过程 开创我国高等教育事业发展新局面[N].光明日报，2016－12－09.

当民族复兴大任、肩挑祖国繁荣昌盛之责的时代新人的国民教育目标。因此，推行青少年制度自信教育契合以人民为中心发展教育的理念，为建设教育强国，加快推进教育现代化做出了重要补充，是遵循教育规律、破解发展难题、推动教育改革的有效抓手。

（二）青少年制度自信教育是回归国民教育价值导向的关键措施

教育发展是中国特色社会主义道路的一个重要分支，是全面、系统的中国道路的重要构成领域。坚持青少年制度自信教育是在新时代坚持国民教育价值导向的必然方向。对青少年进行制度自信教育回应了国民教育的根本任务，体现了国民教育的本质属性，结合了新时代的基本国情世情，回应了改革发展的时代挑战，完善了德、智、体、美、劳全面培育的新时代教育体系，牢牢把握了立德树人的根本任务。实行青少年制度自信教育可以有效地将国民教育使命与中华民族伟大复兴紧密结合在一起，使广大青少年认清历史方位、把握国际坐标、立足国情现实，自觉认识、认同、拥护中国特色社会主义制度，将青少年的智慧与活力注入中华民族崛起复兴的道路进程中。

青少年制度自信教育有助于加快实现教育现代化，落实教育强国战略。建设有中国特色的现代教育是新时代党和国家要完成的国民教育使命。这是由中国特色社会主义制度决定的。因此，抓好青少年的制度自信教育有利于抓住机遇、提前布局，加快推进教育现代化，不断使教育与党和国家的发展要求更契合。教育强国战略是国民教育改革发展的核心理念和整体方向。它的贯彻落实决定着在“两个一百年”历史背景下提出的教育基础工程布局。在此基础上，加强青少年制度自信教育除了能够更有利于提高教育质量，深化教育改革，还能形成更高水平更具德行品格、政治觉悟、思想修养的人才培养体系，推动教育事业进入更加完善的高质量发展轨道。同时，青少年制度自信教育与面向全民的社会主义核心价值观教育互有贯串、相互呼应。青少年对中国特色社会主义制度有了良好的认识、理解、拥护、践行，也会对社会主义核心价值观有深刻的学思践悟；社会主义核心价值观教育对于国民教育所产生的效用也会对青少年制度自信教育产生积极影响。这对于习近平新时代中国特色社会主义思想体系建设以及新时代中国特色社会主义教育体系建设，都具有重要意义。

第三节　培养担当民族复兴大任时代新人和社会主义可靠接班人的应然要求

从根本上说，青少年制度自信教育是培养担当民族复兴大任时代新人和社会主义可靠接班人的应然要求，是由青少年的人生成长阶段性特征和制度自信的重要意义两方面共同决定的。一方面，坚持和发展中国特色社会主义，是我们党始终致力于推动的伟大事业。要把这一伟大事业持续向前推进，离不开一代又一代人特别是有志青少年的接续奋斗。党的十八大以来，习近平总书记多次在不同场合就培养时代新人提出明确要求，强调要从关乎党和国家事业发展的百年大计、关乎中华民族复兴的伟大梦想的最终实现的战略全局和政治高度，深刻认识理解培养好、造就出一代代的时代新人和可靠接班人之于伟大事业的推进和伟大梦想的实现的重大现实意义。另一方面，青少年一直是实现国家富强和民族兴盛不可或缺的重要生力军，是推动中国特色社会主义伟大事业发展的关键力量。进入新时代，站在实现“两个一百年”奋斗目标的历史新起点，推动制度自信教育融入时代新人培育全过程，切实教育引导青少年增强制度认识、强化制度认同、坚定制度信仰、践行制度维护，做中国特色社会主义制度的忠实崇尚者、自觉执行者、坚定捍卫者、积极推动者，是为中国特色社会主义事业培养合格建设者和可靠接班人的题中应有之义，也是激发青少年主动肩负起比过往更加特殊的时代使命和更具挑战的历史责任，发挥好生力军作用，为推动中国特色社会主义事业不断发展前进做出积极卓越贡献的思想自觉和行动自觉的重要举措。

一、青少年制度自信教育是培养担当民族复兴大任时代新人和社会主义可靠接班人的重要切入点

从国家性质来看，我国是社会主义国家，中华民族伟大复兴必然是在中国特色社会主义制度保障下展开的。因此中华民族伟大复兴与中国特色社会主义制度是相互关联、密不可分的，要实现中华民族伟大复兴的中国梦，就必须高度重视中国特色社会主义制度。具体而言，就是既要着眼当下，始终坚持和

完善中国特色社会主义制度，又要放眼未来，不断加强和改进中国特色社会主义制度，始终确保广大人民群众尤其是青少年坚信中国特色社会主义制度是适合我国经济社会发展、推动我国不断走向强大的必然选择。这就对加强青少年中国特色社会主义制度自信教育提出明确要求。通过开展青少年制度自信教育，一方面能够让青少年进一步明确中国特色社会主义制度是历史的选择、人民的选择，不仅适合我国经济社会发展要求，更是未来人类社会发展的必然趋势，我们必须始终坚持，倍加珍惜；另一方面能够帮助青少年树立制度意识，增进制度认同，不断推动制度优势转化为制度效能。由此可见，从实现中华民族伟大复兴中国梦的角度来看，新时代加强青少年制度自信教育不仅十分必要，而且意义重大。

（一）青少年制度自信教育是培养担当民族复兴大任时代新人和社会主义可靠接班人的重要途径

从根本上说，担当民族复兴大任的时代新人和社会主义可靠接班人的培育虽着眼于为了党和国家社会发展的要求，当前最关键的就是引导青少年正确认识当前我国经济社会发展新变化，树立“四个意识”，坚定“四个自信”，按照“十四五”规划绘就的蓝图，顽强拼搏，肩负自己的使命任务。制度自信教育恰好契合当前培养时代新人的内在要求。特别是在青少年制度自信教育过程中开展对中国特色社会主义制度史的教育，能够帮助青少年正确认识我国制度建设的历史发展过程，深刻把握我国制度建设对经济社会发展的重要意义。从新中国成立初期社会主义制度的建立，到改革开放时期中国特色社会主义制度的发展完善，再到新时代中国特色社会主义制度的改革创新，可以说中国特色社会主义制度的发展演变史就是中华民族从站起来、富起来再到强起来的历史进程的缩影。青少年制度自信教育能够从制度发展的维度全面呈现制度建设与我国发展的内在逻辑，认清制度选择与国家发展的内在逻辑，更加深化对“只有社会主义才能救中国”的理性认识。

（二）青少年制度自信教育是培养担当民族复兴大任时代新人和社会主义可靠接班人的载体

从现实来看，作为人才培育的目标指向和基本遵循，担当民族复兴大任时代新人和社会主义可靠接班人的培育从来不是抽象的，而是具体的、历史的。这既体现为时代新人培育是在特定时空环境中展开的，又表现为时代新人、可靠接班人培育也是通过特定过程实现的。也就是说，时代新人、可靠接班人培育是随着我国经济社会发展现实而不断变化的，当前最关键的就是要紧紧围绕着中华民族伟大复兴而展开。凡是脱离现实过程的教育不仅达不到预期目的，相反，还会因为脱离现实而走向事情的反面。青少年制度自信教育的展开正好为新时代人才培育提供了有效载体。

青少年制度自信教育的过程也是制度学习的过程，其核心要义是培养其形成关于中国特色社会主义制度合理性、正当性、权威性、优越性的正确认识；而这一切都是基于中国特色社会主义制度所创造的举世瞩目的经济快速发展奇迹和社会长期稳定奇迹，基于中华民族在这种制度充分发挥显著优势的前提下，所实现的从站起来、富起来到强起来的伟大飞跃。随着对我国制度认识的逐步递进，青少年对于中国特色社会主义制度为什么“好”的情感认同、理性思考、逻辑判断、精神信仰都会顺理成章地萌生、持续、深化并升华。以此为基础，对于制度的优势认定、真诚拥护、积极支持和行为履践会不断出现并稳定发展，制度自信的形成和增强也就应运而生。这一过程也必将能够使青少年更加全面认知制度，增强制度认同，自觉维护制度权威，进而为进一步坚持和完善中国特色社会主义制度奠定心理基础。由此可见，针对青少年进行制度自信教育不仅从内容上丰富了时代新人培育的知识供给，而且从形式上为时代新人的培育提供了有效抓手。

二、青少年制度自信教育是培养担当民族复兴大任时代新人和社会主义可靠接班人的核心要义

从人才培养的目标来看，培养能够担当民族复兴大任时代新人和社会主义可靠接班人的基本前提就是培养对象。青少年要认同中国特色社会主义道路、制度、理论和文化，其中最为关键的是制度。因为相比于道路、理论和文化而言，制度更具有根本性、全局性、长远性。当然，这并不是说道路、理论和文化不重要，而是说作为具有规范作用的制度都是立足于特定空间在一定观念指导下为解决某一问题而建立的，既是人们思想观念的外在表征，也是针对现实问题的理

性选择。而且从制度与行为的关系来看，制度也是约束人们行为、塑造人们观念的重要现实力量，因此虽然说制度自信和道路自信、理论自信、文化自信彼此之间相互支撑、相互促进、相得益彰，但从历史发展逻辑来看，制度自信更为关键。新时代以来，以习近平同志为核心的党中央高度重视制度建设、制度教育和制度自信，也佐证了这一点。

同时，回顾历史也可发现，正是社会主义制度的建立、发展和完善从根本上保障了我国经济社会各方面的健康、持续和稳步发展。因此，在实现中华民族伟大复兴的道路上仍必须继续坚持和完善中国特色社会主义制度，不断加强中国特色社会主义制度的宣传和教育。循此逻辑，时代新人的培养同样也应该突出制度自信，制度自信教育不仅是青少年教育的重要依托载体，更是时代新人培育的重要内容指向。

（一）青少年制度自信教育是培养担当民族复兴大任时代新人和社会主义可靠接班人的基本内容

依据中国特色社会主义制度与中华民族伟大复兴中国梦实现的内在逻辑，时代新人即认可中国特色社会主义制度，坚信中国特色社会主义制度能够为中华民族伟大复兴提供有力保证，并能够严格执行中国特色社会主义制度的人。只有通过教育，特别是制度自信教育，才能培养出这样的接班人和时代新人。这首先是因为从根本上看，作为一种科学的思想观念，中国特色社会主义制度自信的形成与发展并不是自发的，而是人们有目的、有意识自觉学习的过程，再加之当前复杂社会环境的干扰，特别是西方敌对势力的意识形态渗透和文化输出，更加突出了青少年制度自信教育的必要性。

其次，青少年阶段是人生的“拔节孕穗期”，是世界观、人生观、价值观的形成发展期，最需要精心引导和栽培。当代青少年是伴随着以互联网为代表的现代信息技术发展成长起来的“网生一代”，思想观念更加活跃多变，个性更加鲜明张扬，利益诉求更为多样，态度立场表达更为直接。他们视野开阔、爱好多元，愿意尝“鲜”、尝新、尝试，有更强的好奇心、更广的接纳度、更大的包容性。随着互联网和各种自媒体的发展，不同文化在网络上快速传播，形成了更加多元化的价值文化体系。他们忠于自我，自我意识强，更看重自我兴趣和自我实现，看重“自己喜不喜欢”“自己擅不擅长”，满足于内心世界“小确幸”，在认知上更加关注“小我”的世界，情感上更加在意“自我”的生活，意志上更加沉迷“独我”的状态，行为上更加追逐“唯我”的自在。过分忠于自我有时还会衍生出一种安于现状的生活状态。他们有较强的竞争精神，但受挫能力较差，且更趋向功利化，多考虑眼前利益，缺乏长远眼光。这些鲜明的代际特征都对制度自信的树立带来难度。

因此，在开展制度自信教育的过程中必须要强化对象意识，主动在青少年群体中间展开制度自信教育，积极将制度自信教育融入青少年教育教学全过程中，深入分析和准确把握当代青少年群体的代际新特征、网络生存新样态、思想观念新动态，及其所处的国际国内、线上线下舆论环境纷繁多变的新常态等；要坚持问题导向，重点教育引导广大青少年增强政治敏锐性和辨别力，形成历史视野和国际视野，在历史回望与现实体验中增进制度认知和理解，感悟制度优越性，激发其投身制度建设实践、在新时代建功立业的主动性和创造性。

（二）青少年制度自信教育是培养担当民族复兴大任时代新人和社会主义可靠接班人的必要构成

究其实质，时代新人培育的根本就是要培养社会主义事业的合格建设者和可靠接班人，确保党和国家的事业后继有人，确保国家和人民能够在社会主义道路上走向富强，过上幸福美好生活。因此，时代新人培育必须达到两个目的：一是全面认识和准确把握中国特色社会主义制度的显著优势，使青少年学生形成对中国特色社会主义制度的强烈认同，坚信只有社会主义才能救中国，只有改革开放才能发展中国、发展社会主义；二是能够与时俱进不断推进中国特色社会主义制度发展完善，赋予中国特色社会主义制度生命力。其中，对中国特色社会主义的制度自信是推动中国特色社会主义制度发展完善的基本前提。只有坚信中国特色社会主义制度，我们才能够在遇到问题时不断完善，而不是改旗易帜，将其抛弃。同时，也只有拥有制度自信，才能够始终坚持中国特色社会主义制度不动摇。青少年制度自信教育正是实现该目标的必要组成部分。

通过加强青少年制度自信教育，一方面能够帮助青少年树立正确的制度意识，增强对中国特色社会主义制度的理性认知与情感认同；另一方面也能够通过系统的制度知识学习，掌握制度内容，增强制度执行能力。由此可见，时代新人的培育必须高度重视青少年的制度自信，要善于利用学校这一专门育人空间，以制度意识树立、制度思维树立、制度理论学习为抓手，将中国特色社会主义制度教育全面融入青少年日常生活学习全过程，不断筑牢坚持和完善中国特色社会主义制度的群众心理基础。

第四章　青少年制度自信教育的探索与挑战

处于“拔节孕穗期”的青少年，是中国特色社会主义事业的未来和民族的希望。青少年的制度自信状况直接关系中华民族伟大复兴中国梦及“两个一百年”奋斗目标的实现。当前我国高度重视青少年的制度自信教育，通过强化理论知识学习、推广制度优势宣传、重视校园制度环境建设、积极开展实践活动等举措将制度自信教育融入青少年教育全过程。

改革开放特别是党的十八大以来，我国在面向青少年讲好制度自信故事，教育引导青少年认识中国特色社会主义制度，逐步形成制度认同、坚定制度自信等方面取得了显著成效。但是，我们同时要清醒地看到，当今世界正经历百年未有之大变局，世情、国情、党情正在发生深刻变革，各类挑战和风险暗流涌动，不稳定、不确定因素显著增多。这也给增强青少年对中国特色社会主义制度的认同，教育引导青少年坚定制度自信带来了新的挑战。

第一节　青少年制度自信教育现状

近年来，国家、社会和各级各类学校高度重视制度自信教育，从历史与现实、理论与实践、国内与国外的联系上下功夫，坚持用历史的变化、现实的成就、国际的比较教育学生，不断深化教育内涵，创新教育方式，增强教育效果，[①]积累了大量将制度自信教育融入国民教育全过程的经验，不断增强青少年对中国特色社会主义制度的自信。

---

① 艾四林.新形势下高校思想政治工作与思想政治理论课创新[M].北京：中国文史出版社，2018：79.

一、青少年制度自信教育成效明显

近年来，国家、社会和各级各类学校积极加强制度宣传教育，特别是加强对青少年的制度教育，结合青少年群体的思想状况、认知特点和成长趋势，讲好中国制度故事，讲透中国制度理论，统筹兼顾、有的放矢地开展教育与引导工作。各级各类学校通过把加强制度自信教育融入国民教育的全过程，培养青少年对中国特色社会主义制度的信心，引导青少年根植制度自信，把制度自信的种子播撒进青少年心灵，在价值观形成的关键时期“扣好人生第一粒扣子”。

（一）青少年看好中国特色社会主义制度的发展前景

调查结果显示：我国青少年学生总体对中国特色社会主义制度的发展信心较足、满意度较高。2020年上海高校学生思想政治状况滚动调查①结果显示：98.6％的学生赞同中国特色社会主义制度是实现中华民族伟大复兴中国梦的制度保障；97.8％的学生认为，习近平新时代中国特色社会主义思想是党和国家必须长期坚持的指导思想。这表明青少年学生政治立场坚定，拥护中国共产党的领导，对中国特色社会主义制度认同度较高。98.3％的学生坚信中华民族一定能创造新的文化辉煌，80.8％和17.6％的学生对“我国将成为综合国力和国际影响力领先的国家”表示“非常乐观”及“比较乐观”。这表明青少年学生对国家和民族的未来发展前景看好。新中国成立70年来，党和国家完成的一系列巨大成就中，青少年学生对“中国特色社会主义制度日益完善、国家治理体系和治理能力现代化不断推进”的关注度排第二位，达到80.5％；紧随其后的是“‘一带一路’倡议、‘人类命运共同体’意识为世界和平与发展贡献中国智慧、中国方案、中国力量”（78.5％）、“文化艺术日益繁荣，全民族文化自信不断增强”（72.5％）。这表明青少年学生对中国特色社会主义制度体系和新中国成立70年来的伟大成就感到自豪。

---

① 为进一步了解和把握当下大学生的思想状况和学习生活情况，增强思想政治教育工作的实效性，根据教育部思政司的统一部署，中共上海市教育卫生工作委员会于2020年3月起在复旦大学、上海交通大学、东华大学、上海大学、上海纽约大学、上海中医药大学、上海民航职业技术学院、上海震旦职业技术学院等8所高校组织开展了2020年上海高校学生思想政治状况滚动调查。

（二）青少年对中国特色社会主义制度的认同逐年提升

总的来说，近年来青少年学生对于中国特色社会主义制度的认同程度呈现上升趋势。2020年上海高校学生思想政治状况滚动调查结果显示：2010年至2019年的10年间，青少年对党和国家重要的理论观点认同度平均为84.2%；2016年至2019年以来的4年里，各项认同率平均为92.3%，且逐年不断提升。青少年学生对我国未来发展各方面趋势均保持非常乐观的态度。在对我国未来发展趋势的各项评价中，对"我国将成为综合国力和国际影响力领先的国家"连续3年的乐观程度均为最高且连年上升，由87.5%上升至98.4%。这充分说明了当前学生思想政治工作取得了显著成效。尤其是党的十九大以来，习近平新时代中国特色社会主义思想是党和国家必须长期坚持的指导思想的观念被广泛认同，人民的历史创造者地位得到认可和保证，社会主义核心价值观成为全体人民的共同追求，青少年对中国特色社会主义制度的认同度不断提升，对我国未来发展前景的信心也稳步上涨。

值得一提的是，2020年初新冠肺炎疫情暴发后，党中央的抗疫行动更强化了青少年对中国特色社会主义制度优势的认同。面对疫情，全国各地火速驰援湖北，青少年认为这是以习近平同志为核心的党中央坚强有力领导的体现（98.1%），生动体现了中华民族同舟共济、众志成城、共克时艰等优秀传统（99.3%），同时表示爱国和爱党、爱社会主义是相统一的（95.8%）。这充分说明了当代青少年能够紧密团结在以习近平同志为核心的党中央周围，坚持中国特色社会主义道路，有较强的爱国主义情怀和大局意识，对中国特色社会主义制度的信心较足。

二、学校发挥了重要的阵地作用

学校是制度自信教育的重要阵地。近年来，我国大中小学不断探索将制度自信教育融入国民教育全过程的方式方法，牢牢树立教育教学创新改革意识，通过课堂教学、党课团课、专家报告、主题活动、板报宣传等多种形式，引导青少年充分认识和领悟中国特色社会主义制度的优越性，进一步坚定制度自信，团结奋斗，立志为中华民族伟大复兴而奋斗。

（一）思政课主阵地作用凸显

近年来，大中小学突出思想政治教育课的主阵地作用，进一步开好、开足思想政治教育课，把制度自信教育融入教育教学全过程，并扩大中国特色社会主义制度自信教育在思想政治教育课程中的比重。例如，自 2005 年来，上海不断创新构建“4＋1＋X”的新型课程体系，目前已形成以思政必修课为核心、数十门“中国系列”思政选修课为骨干、500 门综合素养课为支撑、1000 余门专业课为辐射的“课程思政同心圆”。① 上海各高校结合本校办学特色与学科专业特点开设各具特色的“中国系列”课程，如复旦大学的“治国理政”、上海交通大学的“读懂中国”、同济大学的“中国道路”、华东师范大学的“中国智慧”、华东政法大学的“法治中国”、上海中医药大学的“岐黄中国”、东华大学的“锦绣中国”等。这些课程成功打造了思政课“一校一特色”，将制度自信教育的内容有机融入思政课教学，使制度自信教育在“课程思政”的大平台上铸魂育人。同时，积极推进“课程思政”全国共享在线课程建设，以高校思政课堂为主阵地，第一时间推动新时代思政教育进教材、进课堂、进头脑。② 北京 2020 年起实施“十大工程”，以“数字马院”建设工程、网络引领工程、课程思政建设工程、思政课教师培优工程、思政课教法创优工程、思政课质量保障工程、思政课教育教学资源共享工程、思政课创新孵化工程、北京市大中小思政课一体化建设工程、北京高校思政课案例库建设工程全面推动思政课改革创新、落地见效。这些“亮眼”课程与“系统”工程点面结合、特色鲜明，生动形象地展现了新时代中国特色社会主义制度蓬勃发展的历程，为青少年学生领略新时代中国特色社会主义事业的巨大成就打开了一扇门，更为青少年学生探寻制度优势、坚定制度自信提供了丰富的现实资源。

（二）制度自信教育合力明显

通过名师名家进课堂，形成加强中国特色社会主义制度自信教育的强大合力。教师是人类灵魂的工程师，让名师名家来上思政课有助于坚实树立新时代思政教师政治要强、情怀要深、思维要新、视野要广、自律要严、人格要正的“六个

---

① 上海高校十三年来全面推进“课程思政”教改，新型课程体系逐渐成型——把思政之“盐”溶入教育之“汤”[N].人民日报，2018－08－29.

② 推进从“思政课程”走向“课程思政” 上海高校思政课“一校一特色”[N].解放日报，2018－07－27.

要”的标准，坚定青少年的制度自信，不断创新课堂教学方式方法，丰富形式、挖掘资源、拓宽渠道、打通环节、优化过程、重构体系，不断增强思政课的思想性、理论性、亲和力和针对性，使得思政课更适应于作为“网络原住民”的“00后”的认知特点、遵循“00后”的成长规律。为了形成加强中国特色社会主义制度自信教育的强大合力，全国各地近年来坚持地方领导和企事业干部进校园，学校党委书记、校长进课堂，教学名师上思政课，入党、入团宣誓等制度；同时还推行形势政策教育，以及开学第一课、专题党团活动、道德讲堂、专家论坛、国旗下的讲话等活动。这些举措有效提升了青少年制度自信教育实效。例如，上海设立了市委市政府领导班子联系学校制度，市委书记、市长带头，每年走进高校为学生讲授时事政治以及为人为学的道理；高校党委书记、校长为学生上思政课、与思政课教师集体备课更是常态，如华东师范大学党委书记、校长联手学校“两院”院士与各学院知名教授讲授“形势与政策”课，为学生解读中国特色社会主义制度领域的热点问题；部分学校分管思政课建设的书记直接给本科生开设“习近平新时代中国特色社会主义概论”课程。

值得一提的是，新冠肺炎疫情防控期间，全国大中小学牢抓网络思政的优势，齐上战“疫”思政课，为制度自信教育提供战“疫”力量。各级各类学校在疫情关键期，积极推进“互联网＋”工作模式创新，加强对青少年的思想引领与制度自信教育。如北京航空航天大学成立马克思主义学院战“疫”系列专题备课组，打造战“疫”微课程；复旦大学加强网上党校建设，推出战“疫”特辑微党课；华中师范大学探索“大中小思政课一体化战‘疫’”的新思路；南昌大学落实高校领导“双体验日”、党委书记走进抗疫班会；天津市还在打造抗疫系列专题课的基础上连续推出了专家教授团、医务人员报告团、思政名师公开课、网络视频课4个系列的抗疫思政课宣讲活动，并组建编写专班将抗疫精神融入思政课教材体系，融入日常思政教育活动等。这一系列特殊思政课以鲜活、生动的素材讲清楚了中国特色社会主义制度优势，增强了思政课的针对性、实效性，增强了大学生对“四个自信”的理解和内化，增进了制度自信教育的感召力和现实感，勉励青少年在全民抗疫行动中践行制度内涵，勇行家国担当，学会将“小我”融入“大我”，将“自转”纳入“公转”，提升了制度自信教育的实效。

（三）社会教育磁场效果良好

社会是制度自信教育的关键环境。近年来，在学校教育之外，社会各界也在积极探索制度自信教育的方式方法，把坚持中国特色社会主义制度的道理讲明白、讲清楚，形成社会广泛认同的良好氛围，通过潜移默化式的引导、润物细无声地增强国民尤其是青少年进一步坚定对中国特色社会主义制度的信心，推动中国特色社会主义制度深入人心、深得人心。

“体验参与式教育”是制度自信教育融入国民教育全过程的创新形式。近年来，社会各界积极为推动制度自信教育提供资源，引导学生在亲身参与中切实理解制度实践，成为制度的局部设计者和参与者，进而为中国特色社会主义制度自信教育的常态化搭建平台。例如，自 2012 年起全国“青少年模拟政协”启动，经过多年的实践探索，已成为青少年体验参与中国特色社会主义制度建设的重要载体。该活动以高中生为参与主体，通过模拟人民政协提案的形成、体验人民政协的组织形式和议事规则助力广大青少年深入了解和体会中国特色社会主义制度，进而涵育青少年“四个自信”，增强“四个意识”，提升发现问题、分析问题、解决问题、合作交流的“四大素质能力”，在课外技能拓展与实践创新中培育砺志笃学的社会主义接班人，落实立德树人根本任务。上海市人大常委会从 2006 年推出以大、中学生为主要参与对象的“走进人大”主题活动，旨在强化人民代表大会制度在青少年群体中的普及性，特别是大、中学生了解人民代表大会及其常委会的常规工作，进而了解我国的根本政治制度，增强公民意识、民主意识和法治意识，提升制度自信力与社会责任感。该活动开展至今已有十多年，成为青少年探索中国政治体制发展的“敲门砖”。

主流舆论的宣传引导为制度自信教育融入国民教育全过程营造了良好氛围。近年来，宣传部门主动利用互联网、人工智能、大数据、5G 等现代信息技术手段，加强与制度自信教育相关的“两微一端”①平台建设，以青少年学生喜闻乐见、易于接受理解的视频音频、图片图表、动漫、电子报刊等形式，通过生动、深入、具体的纵横比较，多形式推进制度自信教育，浸润青少年的心灵。如，中央宣传部理论局组织撰写、发行了 2020 年“理论热点面对面”系列读本之《中国制度

① “两微一端”，即微博、微信和手机客户端。

面对面》。该书以习近平新时代中国特色社会主义思想为指导，紧密联系新时代中国特色社会主义制度建设实际、干部群众思想实际，从理论阐释、新闻视角、问题意识、语言特色、历史纵深、国际视野等维度[①]，深入浅出地回答了中国特色社会主义制度是怎么来的、中国特色社会主义制度为什么好、中国特色社会主义制度如何行稳致远等 16 个重大问题，并将制度自信红线贯穿全篇，展现了中国特色社会主义制度的丰富内涵、显著优势和强大生命力，是深化青少年对中国特色社会主义制度的自觉认同、根植国民制度自信的绝佳读本。此外，各级各类组织也积极配合主流舆论的宣传引导，积极落实、开展制度自信教育。如北京市 2020 年启动了制度自信专题教育活动，强调各级组织要将制度自信专题教育作为思想政治工作的重要抓手，创新形式，注重实效，分级分类开展相关活动，以帮助民众更准确地理解中国特色社会主义制度的深刻内涵和优势。

新冠肺炎疫情期间的国际社会比较成为制度自信教育融入国民教育全过程的契机。自新冠肺炎疫情暴发以来，社会各界积极发挥高校学科优势、人才优势、平台优势，组织阐释好中国共产党为什么“能”、马克思主义为什么“行”、中国特色社会主义为什么“好”等重大问题，教育引导学生从“西方之乱”与“中国之治”的强烈反差中，正确认识中国国情与中国特色社会主义制度，全面客观认识当代中国与世界局势。习近平总书记给北京大学援鄂医疗队全体“90 后”党员的回信激励全国高校师生肩负起时代赋予的责任和使命、以行动书写青春篇章，引领广大青少年进一步坚定制度自信，在抗疫关键期里以“小我”的实际行动绽放“大我”战“疫”青春。2020 年 3 月 9 日，为延拓网络思政的育人效度，教育部社会科学司和人民网同邀清华大学艾四林、中国人民大学秦宣、北京师范大学王炳林、中央财经大学冯秀军四位教授在线为全国高校师生上了一堂疫情防控思政大课，解读以习近平同志为核心的党中央关于疫情防控的决策部署，分析中国抗疫彰显的中国特色社会主义制度的显著优势，讲述防疫抗疫一线的感人故事，教育引导青少年传承和弘扬爱国主义精神，坚定“四个自信”。5027.8 万人次通过各种方式观看了这场“现象级”思政课直播，相关网站、客户端、社交媒体访问量达 1.25 亿人次。[②]

---

① 《中国制度面对面》出版发行[N].北京晚报，2020－07－13.

② 全国大学生同上一堂思政大课[N].中国教育报，2020－03－11.

（四）国家统筹设计逐步完善

提升青少年制度自信教育水平与实效，必须有相关的制度体系为保障。习近平总书记在学校思想政治理论课教师座谈会中指出，“要把统筹推进大中小学思政课一体化建设作为一项重要工程，推动思政课建设内涵式发展”①。我国业已为制度自信教育搭建了大中小学一体化制度体系。

国家积极推动各地探索构建大中小学德育一体化格局，为制度自信教育融入国民教育全过程打下了良好基础。近年来，各地积极完善大中小学校制度自信课程体系，加强制度自信教育学科体系、教材体系、评价体系建设，推动制度自信教育与历史教育、省情教育、地方课程相互配合、相互融合。例如，上海从 2010 年启动“整体规划大中小学德育课程”实践探索，到 2014 年成为全国唯一获批开展教改综合实验的城市，明确提出要把“构建大中小学一体化德育体系”作为工作重点，上海不少学校充分发挥各自优势，利用校内外资源，打造出大中小学各学段纵向衔接、校内校外“线上”“线下”横向贯通、家校社“三位一体”的育人新格局。以华东师范大学为例，该校马克思主义学院目前已与虹口、普陀、徐汇、奉贤、崇明等区结对共建，就大中小学思政课集体备课、推进高校“中国系列”思政课选修课进中小学、开展思政课教师马克思主义理论培训等开展合作，积极推动大中小学德育一体化联动的探索与实践②；近来还将“四史”学习教育作为大中小学生德育重要工作抓好抓实，全面推动党史、新中国史、改革开放史、社会主义发展史进课堂、进活动、进头脑、进教师队伍，通过厘清历史脉络、认清历史真实、汲取历史养分、听清时代脉动，在历史比较中增强制度自信意识。此外，长三角地区成立了中小学德育工作联盟，旨在构建“长三角德育一体化”教育共同体，通过在创新课程中打造“贤文化”育人升级版，以体验感知实现实践育人，拓展“一体化”德育新视野；成都市金牛区推进“共融、共建、共育、共进”的大中小学思政教育一体化建设，构建开放、共融的大思政格局等举措，都可作为制度自信教育工作开展的坚实平台，为增强中国特色社会主义文化的厚度、在青少年灵魂

---

① 用新时代中国特色社会主义思想铸魂育人　贯彻党的教育方针落实立德树人根本任务[N].光明日报，2019-03-19.

② 精准滴灌，让“中国心”深植学生心中[N].上海文汇报，2019-10-16.

深处厚植爱党爱国情怀提供了机制支撑。

国家加强各级各类学校思想政治课教师队伍建设，为推动制度自信教育落地落实提供队伍保障。党的十八大以来，以习近平同志为核心的党中央对思政课教师队伍建设高度重视，相继出台了《全面深化新时代教师队伍建设改革的意见》《新时代高校思想政治理论课教学工作基本要求》《关于深化新时代学校思想政治理论课改革创新的若干意见》和《新时代高等学校思想政治理论课教师队伍建设规定》《关于加强新时代中小学思想政治理论课教师队伍建设的意见》等文件。国家按照“政治要强、情怀要深、思维要新、视野要广、自律要严、人格要正”的要求，把“用‘四个意识’导航、用‘四个自信’强基、用‘两个维护’铸魂”作为思政课教师队伍建设总抓手与教育系统教师作风锤炼的主要内容，不断加强各级各类学校思想政治课教师队伍建设，鼓励各地区创新举措不断提高教师队伍的政治理论水平和专业素养，充分调动党政机关、企事业单位、党校、高校马克思主义学院、干部培训学院、爱国主义教育基地、博物馆等政府、学校与社会力量拓展教师发展的平台和资源，激发教师将制度自信教育融入国民教育全过程的积极性、主动性、创造性。全国各地教育部门和学校以习近平总书记重要讲话精神为指引，全面推进思政课教师队伍“加速度”建设，加大对思政课教师的培养、招聘、激励，增强其职业认同感与责任感已成为各地各校思政队伍建设的共识。如河南、天津、陕西等地以赛促教、以赛促改、以赛促建，全面提升中青年教师的政治素质、业务能力和育人水平；北京等多地多校出台举措，鼓励优秀辅导员、专职党务干部等转岗，担任思政教师，并单独研究制定以教学效果为核心的职称评审标准；广东省印发《广东省学校思想政治理论课建设行动计划(2019—2021)》明确专职思政课教师比例；甘肃、山东、黑龙江等省陆续建立全省学校思政课教师培训基地等。立足新时代，各地齐绘铸魂育人施工图，为制度自信教育的稳健推进建立了一支可信、可敬、可靠、乐为、敢为、有为的教师队伍。

第二节　青少年制度自信教育存在的问题

中国特色社会主义制度和国家治理体系是以马克思主义为指导、植根中国大地、具有深厚中华文化根基、深得人民拥护的制度和治理体系，是具有强大生命力和巨大优越性的制度和治理体系。[①] 改革开放特别是21世纪以来，我国的制度自信教育取得了显著成效，在教育引导青少年认识中国特色社会主义制度，逐步形成制度认同，坚定制度自信等方面发挥了重要作用。但是，面对新形势、新要求，制度自信教育融入国民教育全过程中仍面临严峻挑战，尚存在系统推进实效不足、缺乏整体布局蓝图等问题。

一、青少年制度自信教育的内容与形式有待完善

随着坚持和完善中国特色社会主义制度的步伐不断加快，制度自信教育的内容和载体的多样化特征日益突出，社会舆论助推制度自信教育的力量初步显现。但就其内核看，创新培养形式存在明显短板，突出表现为内容选择针对性不够、载体应用精准度不足、社会舆论引导力不强等问题。

当前，青少年制度自信教育的内容日益丰富，但不同培养群体、培养学段、培养过程在内容选择的针对性上还存在一些值得注意的问题。

（一）内容选择针对性不够

首先，校内外开展的制度自信教育内容的针对性不够。一是学校对青少年开展制度自信的内容主要侧重于理论灌输，教学内容单一。枯燥、乏味的制度教育内容不仅难以激发青少年的求知欲，反而容易使青少年产生厌倦与反感等心理上的疏离感，难以达到理想培养效果。同时，受社会上一些不良风气的影响，部分青少年面对问题时也许会以“走后门”“找关系”为惯用路径，制度意识并未入脑、入心、入行。二是社会对青少年开展制度自信教育的内容主要侧重于政策宣讲等宏大叙事，缺少从法治意识、规则意识等小处着眼的生活叙事，缺乏在社会治理中提高政治素养、社会责任感、语言沟通能力等与制度自信教育要求相匹配的实践教育内容，自觉尊崇制度、严格执行制度、坚决维护制度的“最大公约数”有待巩固。

其次，反映不同培养过程的内容针对性不够。制度自信教育的实施依赖于认知、情感、意志等心理过程的相互作用，必然导致制度自信教育的过程大体分为理性和感性的不同发展阶段。一方面，就感性阶段而言，当前制度自信教育的

① 中国共产党第十九届中央委员会第四次全体会议文件汇编[G].北京：人民出版社，2019：25

内容空泛化、抽象化、口号化、概念化特征明显。特别是部分教育者自身思想政治教育素养不高、情怀不深、行动不实，缺乏感染力，极易使制度自信教育止于书本、流于形式，不能生动形象地讲深讲透中国特色社会主义制度的先进性、优越性、独特性；空洞、乏味的内容无法帮助受教育者理解中国特色社会主义制度是反映人们公平、正义的需要、关系人民群众幸福实现和保障大众情感归属需要的制度，难以奠定制度认同的情感基础。另一方面，就理性阶段而言，制度自信教育的内容单一化，说教性大于说理性，忽视受教育者的多元需求而进行单向供给。这有可能导致部分受教育者未能系统掌握马克思主义的认识论和方法论，难以用马克思主义的立场、观点和方法深入透彻地认知、分析和评价中国特色社会主义制度，对中国特色社会主义制度的科学认知水平不高、合理评价能力不足，不利于制度自信的培养。

（二）载体应用精准度不足

随着新时代制度自信教育的不断推进，以热点解读、实践体验、网络媒介为载体的形式在实现制度自信教育总体目标、提高青少年制度自信教育等方面发挥了积极作用，但在载体应用的精准度上仍然存在着一定的不足和缺陷。

首先，热点解读的载体应用精准度不足。在制度自信教育过程中，打赢新冠肺炎疫情阻击战等社会热点已成为制度自信教育的生动教材，实现“聚焦重点、贴近热点”的议题向制度自信理性提升转化。但在解读不同重点、热点时存在虚化、泛化等问题，如热点问题与人民群众实际思想状况的对接程度不够、重点问题未能精准契合并解答最广大人民群众的现实困惑等。在这个意义上，如何及时介入、有力回应、精心研判社会重点热点，并以此为契机加深制度自信教育对于现实社会的关照，是新时代青少年制度自信教育面临的内在挑战。

其次，实践体验的载体应用精准度不足。我国社会各群体虽然在整体上对中国特色社会主义制度优势信心较足，但呈现制度自信的认知水平不高、评价能力不足、体验认同不深，制度自信培养的实践育人成效不够凸显。仅就青少年而言，2020 年上海高校学生思想政治状况滚动调查结果显示，青少年认为目前国家发展方向呈现“积极正向”的态势占到七成以上，但同时也表达了对当前国家发展状态的顾虑，譬如“感觉社会贫富差距比较大”“对中国的长期发展抱有信心，但对于近期可能会出现的阻碍感到担忧”等。从现有的实践体验形式看，制度自信教育融入知识竞赛、征文大赛、创新创业、社会实践、文化艺术、仪式教育等形式的一体性设计、贯通式运行存在不全面、不协调、不完善的问题，制约实践体验的客观条件较多。如何在实践活动中去体悟、抒发和唤起制度自信的情感共鸣，不断增强制度认同，进而形成行动自觉，是新时代制度自信教育面临的实际挑战。

最后，网络媒介的载体应用精准度不足。网络空间是各种思想观点、意识形态和价值理念的集散地，在享受互联网应用带来的便利的同时，应清醒地看到网络与信息技术的弊端。当前，针对网络媒介的相关规范依然不健全，不少网民的政治安全意识较为缺乏，很容易出现行为失范等现象，使国家主权安全、意识形态、政治基础以及信息安全遭受威胁。如何发挥好互联网、大数据、人工智能、5G 等现代信息技术优势，提升人民群众对网络谣言的辨析能力，加强制度自信教育相关“两微一端”平台建设，以贴近最广大人民群众的形式推进制度自信教育，是新时代制度意识培养面临的重大挑战。

（三）社会舆论引导力不强

在舆论格局多元、多变、多散的网络时代，制度自信教育在网络环境中扎根不够深，主流舆论在方向把握上担当“定盘星”、在议题设置上担当“主心骨”、在时度效上担当“指南针”的引导力都不够强，“网上网下一体、内宣外宣联动”的主流舆论格局主动配合并支持制度自信教育的现状有待改进。

首先，方向把握上担当“定盘星”的舆论引导力不够强。制度自信教育要扎根网络环境，前提是主流舆论必须成为舆情“风向标”并占据网络舆论场的制高点。但在新媒体、自媒体不断涌现和人人都有“麦克风”的舆论生态中，仍存在着不少抹黑、歪曲我国制度的负面舆情。在疫情防控初期，类似负面网络信息积聚叠加所形成的舆论，在一定程度上掩盖了主流舆论的声音，造成舆论跑偏的现象，并消解了制度意识培养的正向力量。

其次，议题设置上担当“主心骨”的舆论引导力不强。制度自信教育要扎根网络环境，关键是主流舆论必须在纷繁芜杂的网络空间发挥支撑引领作用，积极设置认识制度优势、强化制度认同、坚定制度信仰、落实制度执行的网络议题。

但在现实舆论场中，主流舆论加快信息传播并主导正能量、主旋律的议题设置能力偏弱。例如，在青少年中，主流舆论与青少年群体"存在着比较明显的感觉错位和交流障碍"[①]，议题设置的关注度、传播度偏低，甚至无法匹敌一些网络"名嘴"。2020年上海高校学生思想政治状况滚动调查结果显示，少数学生对网络舆论的态度不够坚定，18.3%的学生认为一些网络"名嘴"的观点不无道理；16.4%的学生认为一些小道消息也并非空穴来风，宁可信其有，不可信其无。有思想、有深度、有温度的议题缺位造成舆论跑题现象，加大了制度意识培养的难度。

最后，时度效上担当"指南针"的舆论引导力不强。制度自信教育要扎根网络环境，策略是主流舆论必须"抓住时机、把握节奏、讲究策略，从时度效着力，体现时度效要求"[②]，润物无声地将制度自信教育融入其中。但在具体操作中，主流舆论对于时效度的掌握力度有待优化。从新冠肺炎疫情防控初期的主流舆论反映来看，部分主流媒体协同传播信息、调适社会情绪等能力不足，不同主流媒体宣传抗疫方针政策、发布疫情动态变化的力度不一，部分地方媒体甄别谣言、回应关切的时效略有滞后，因"数据错报"等报道有误或反应迟钝造成的舆论跑调现象时有发生，舆论引导力遭受质疑，进而影响制度权威性和公信力，主流舆论作为制度自信教育"助推器"的作用受到制约。

二、青少年制度自信教育系统推进实效不足

（一）大中小学各学段纵向衔接不够

2019年，习近平总书记提出统筹推进大中小学思政课一体化建设，实现不同学段思政课教学的有机衔接、循序渐进、螺旋上升，为的是发挥纵向和横向"大思政"的整体合力，避免思政教育的碎片化，具有重要的现实针对性。[③] 制度自信教育作为德育工作的重要一环，伴随青少年成长发展的全过程，是"跨学段"的有机整体，需要贯穿大中小学教育全过程。但当下制度自信教育在大中小学校的设计与实施的系统化、有序化、层次化推进尚待优化，仍需深刻理解和把握"一

---

① 丁柏铨.论重大公共卫生事件中主流媒体舆论引导力提升[J].中国出版，2020(18).

② 习近平谈治国理政(第2卷)[M].北京：外文出版社，2017：333.

③ 花勇.引导青年学生坚定"四个自信"[N].解放日报，2019-03-26.

体化”建设要求内涵，根据各学段学生身心发展的特点，科学确定适应不同学生需求的教学内容，树立系统思维，打破学段区隔，坚持分层分类，统筹好德育目标一致和内容梯度衔接的关系，统筹好教育主体的整体性和不同学段教学规律的关系，以促进学段间制度自信教育课程的有效衔接和统合互补。

（二）各学科横向融通、课内外纵深联动不够

一方面，制度自信教育当下在各学科教学中的理念张力不显，学校日常教学活动中制度自信教育的元素尚待激发，课程思政的育人实效有待提升；当下核心思政课体系设计更多的是将制度自信统合进中国特色社会主义制度系统课程、缺乏单独的模块聚焦，思政课程的系统教学有待深拓。另一方面，制度自信教育在校园文化实践中的载体不够丰富，重知识讲授、轻实践体验的现象仍比较普遍，日常的党团教育、仪式教育、主题教育以及校园环境中融入的制度自信教育元素有限，日常涵育效果不够好。与此同时，学校制度自信教育在网络阵地上的扎根不深，相比于大众门户网站，“易班网”“中国大学生在线”等针对大学生开发的网络平台关注度偏低。因此，制度自信教育在以学校教育为主渠道融入国民教育的全过程中，课内知识传授、课外实践体验、网络阵地熏陶之间的融会贯通尚需深入推进。

（三）创新教育方式方法、提升教育实效不够

总体而言，当下学校思政课堂尚需打磨一套可以推而广之的教学模式。很多课程教无定法，部分教育内容抽象化、口号化、概念化，课堂趣味性不足、说教性明显，缺乏针对性和感染力。部分教师的思政素养不高、情怀不深、行动不实，缺乏对学生制度自信的培育意识，对制度自信的教学往往止于书本、流于形式、“变法”不足，未能把中国特色社会主义制度的先进性、优越性、独特性讲深讲透讲出效果，帮助学生更好地理解“中国奇迹”和“中国之治”背后的制度密码。这也导致了部分学生对马克思主义的认识论和方法论把握不足，难以用马克思主义的立场和观点来更深入透彻地认知、分析和评价中国特色社会主义制度，也就不能从根本上认清楚中国特色社会主义制度核心理念的先进性所在，对中国特色社会主义制度认知水平不高、制度评价能力不足、制度体验实效不深。

三、青少年制度自信教育总体布局纵深不够

（一）制度自信教育顶层设计不够到位

顶层设计与具体实施的不一致、局部目标与整体发展的不同步、传统规范与时代发展的不适应，是当前制约青少年制度自信教育的瓶颈问题。目前政府出台的公约、守则、规范、章程等政策条文中明确指向制度自信的论述规章不多，导致有无制度自信意识对青少年日常行为的约束与激励不足，制度自信教育融入国民教育的过程中缺乏结构化抓手。破除这些问题需以有效衔接为追求，统筹教育融入“上下联动”。在宏观上，抓思想转变、抓理念更新、抓制度确立；在中观上，抓质量标准、抓标杆示范、抓改革创新；在微观上，抓领导促管、抓教师促教、抓学生促学。[①] 进而实现自上而下与自下而上的有机统一、主体与客体的协同并进。

（二）青少年制度自信教育体系构建不够完善

目前各级各类学校针对制度自信教育的学科体系、课程体系、教材体系、评价体系建设尚显不足，制度自信教育在核心价值观培育、爱国主义教育等教育教学内容中的主体性地位不显。课程中关于制度自信教育的教学目标不是很鲜明，尚未讲清中国特色社会主义制度的历史，讲透中国特色社会主义制度的内容，讲明白中国特色社会主义制度的价值，讲好中国特色社会主义制度的优势。因此，制度自信教育的育人目标设计、教学整体规划、教育效果评价等育人环节亟须进一步统合与多层级落实，从而切实有效把制度自信教育融入国民教育的全过程。

（三）青少年制度自信教育的家校社共育格局尚未形成

习近平总书记在2018年9月10日召开的全国教育大会上指出，“办好教育事业，家庭、学校、政府、社会都有责任”。[②] 在青少年制度自信教育的实践路径中，家庭、学校和社会不应相互孤立、各自为政，而应彼此联系、互相补充。家庭

---

① 吴岩.把“重大使命”转化为“强大动力”[N].中国教育报，2019-12-06.

② 习近平在全国教育大会上强调：坚持中国特色社会主义教育发展道路　培养德智体美劳全面发展的社会主义建设者和接班人[N].光明日报，2018-09-10.

是制度自信教育的基础保障，学校是制度自信教育的重要阵地，社会是制度自信教育的关键环境。家校社合作共育，能形成一个强大的教育磁场，让所有参与者实现精神共振，实现“不教之教”，进而辐射社会、提升全民素养；激活教育磁场，有利于家庭增强教育功能，促进家庭、家教和家风建设；有利于学校建立现代学校制度，拓展教育教学资源，提升教育教学质量；也有利于师生、亲子和相关参与者共同成长①。目前制度自信教育在家庭、学校、社会等不同层次上的协同融合缺乏总指挥，常出现交叉、涣散或冲突，导致其融入国民教育的全过程的落实“链条”不通畅、联动机制不顺畅、育人共识难达成。如何在国家的总体布局与统筹设计中，实现学校教育与家庭教育“同向”、教师和家长“同心”、学校与社区“同力”的家校社共育新格局，是当下制度自信教育深入推进的瓶颈问题。

第三节　青少年制度自信教育面临的挑战

当今世界正在发生深刻变革，经济社会发展各领域都出现了一系列新的发展趋势。这些趋势将深刻改变世界发展格局，也将深刻影响我国经济社会发展进程和思想文化进程。马克思指出：“问题是时代的格言，是表现时代自己内心状态的最实际的呼声。”②这启示我们推进制度自信教育必须针对亟须解决的时代问题，全面贯彻自觉尊崇制度、严格执行制度、坚决维护制度的行为要求，尽快发现并极力消除不利于制度自信教育的消极因素。基于此，从国内、国际两个视角审视青少年的制度自信教育，发现新时代青少年的制度自信教育还面临着诸多挑战。

一、外部视角：复杂意识形态场域中的制度本质教育

自第二次世界大战结束以后，资本主义意识形态与社会主义意识形态长期处于博弈状态。苏联解体后，世界社会主义运动陷入低潮，资本主义通过意识形态加速扩张，暂时占据了思想观念的上风，在世界各地频频煽动“颜色革命”，力

① 朱永新.家校社合作激活教育磁场(新论)[N].人民日报，2019-06-05.

② 马克思恩格斯全集(第1卷)[M].北京：人民出版社，1995：203.

图谋求资本主义制度在全球的扩张。党的十八大以后，经过改革开放焕发生机活力的中国特色社会主义制度成为西方资本主义国家的主要攻击对象。我们应当认识到，制度自信教育的内涵在于体现制度本质的价值意识与政治意识。西方资本主义极力推销其制度模式及意识形态，试图阻碍体现社会主义制度本质的价值意识和政治意识。

（一）阻碍：资本主义意识形态误导青少年制度认知

习近平总书记2013年在莫斯科国际关系学院发表演讲时指出，“要尊重各国人民自主选择发展道路的权利，反对干涉别国内政，维护国际公平正义”。[①] 但西方世界对于中国特色社会主义制度一直存在误解、偏见甚至攻击，试图误导我国青少年产生不正确的制度认知。

回溯历史，自新中国成立，以美国为首的西方资本主义国家就极力歪曲社会主义制度，并把对于中国制度的舆论歪曲作为封锁、孤立新中国的重要一环，在意识形态层面攻击社会主义国家政治建设的基本原则，误导国内舆论和世界舆论。改革开放以后，我国经济获得了快速发展，逐渐增长为世界经济发展的第一引擎，对世界经济增长的年均贡献率达18%左右，近几年高达30%左右。在社会发展方面，我国长期保持社会和谐稳定、人民安居乐业，与一些西方国家出现的“政治衰败”“治理困境”形成鲜明对比。但西方资本主义并未深刻反思自身弊病，反而更加肆意地在国际社会散播关于中国制度的谣言，塑造负面消极的中国形象。西方不实言论的强势舆论冲击极容易干扰国民，尤其是青少年的思想和心智，阻碍体现制度本质的政治意识。2020年上海高校学生思想政治状况滚动调查结果显示，54.2%的学生对“成王败寇，历史向来由胜利者定论”等具有迷惑性的历史观持不清楚或赞同态度，23.9%的同学对“西方所谓的民主、自由、平等、人权，并非人类社会的普世价值”持不清楚或者不赞同态度。这表明少部分青少年受虚无主义历史观影响，对西方所谓“普世价值”的本质认识不清。当前，西方舆论有组织、有针对地不断重复大量具有诱导性的错误信息，对我国意识形态安全构成了严峻的挑战，不利于青少年形成对中国特色社会主义制度的正确

① 习近平在莫斯科国际关系学院发表重要演讲时强调：建立以合作共赢为核心的新型国际关系[N].光明日报，2013-03-24.

认识，不利于凝聚全社会对于社会主义政治价值的信仰和支持。

长期以来，部分西方国家动用各种资源，利用话语霸权，从舆论上诋毁中国特色社会主义制度，妄图在国际社会妖魔化中国形象。从根本上看，无论是所谓“历史终结论”“中国崩溃论”等唱衰中国的错误论调，还是“经济威胁论”“军事扩张论”“资源消耗论”“文明冲突论”等对抗性、歧视性言论，抑或利用台湾、西藏、新疆等分离主义势力散布“台独”“藏独”“疆独”的分裂主张，都是部分西方国家借助其在国际上的主导地位和话语权对我国进行舆论攻势的常规武器。这些西方国家竭力渲染“中国威胁论”，将环境、安全等各种全球性问题强加在中国头上，并试图将资本主义内在矛盾引发的问题转嫁到中国身上，对于青少年的制度基础认知和制度价值认同具有相当程度的负面效应，也是新时代青少年制度自信教育面临的外在挑战。

（二）迷惑：资本主义意识形态弱化青少年的制度意识

西方资本主义不仅鼓噪舆论攻势，而且企图通过各种分化、西化的手段弱化我国青少年的制度意识。2014 年发生在香港的“占中”事件就是全球化时代西方资本主义歪曲、攻击中国特色社会主义制度的典型案例。自 1997 年回归以来，香港社会经济政治大局稳定，各项事业不断取得新成就、新进步，“一国两制”的生命力和优越性充分彰显。实践表明，“一国两制”是被实践所证明的符合中华民族和香港人民根本利益的制度，我们应当自觉拥护。

同时，当今世界正经历百年未有之大变局，改革开放发展稳定，内政外交及治党、治军各方面的发展机遇前所未有，我们面临的风险挑战之严峻也前所未有。虽然中国特色社会主义进入了新时代，但我国目前仍处于并将长期处于社会主义初级阶段是基本国情。当前我国处于实现中华民族伟大复兴的关键时期，国内外挑战和风险交错叠加，改革发展稳定的任务艰巨。放眼国际，当今世界形势复杂多变，正在经历新一轮的大发展、大变革、大调整：国际金融危机的影响尚未完全消散，全球化进程又遭遇逆流，冷战思维、保护主义有所抬头；国际力量对比变化引发国际格局、国际体系和国际秩序深度调整，世界各国纷纷通过以制度创新和经济科技军事实力为支撑、以重塑国际规则为主要手段的博弈来重新划分利益和确立彼此地位关系，大国战略博弈全面加剧，不确定、不稳定因素明显增多；新技术、新产业革命催生的发展理念模式发生深刻变化；全球范围内社会制度、发展模式和道路的多样化趋势凸显，竞争较量不断加码升级；西方和平演变挑战长期存在，意识形态领域斗争日趋转向台前；等等。国际秩序变化的大趋势，以及新时代中国与外部世界关系的深刻转变极有可能进一步加剧西方资本主义的分化行径，西方和平演变的威胁在一定时期内依然存在。

当前，新冠肺炎疫情的阴云长期笼罩全球，西方资本主义污名化的操作日甚一日，极少数人被其分化行径所迷惑，忽视中国特色社会主义制度对于中国特色社会主义事业的重要价值。特别是青少年处于世界观、人生观、价值观形成的关键时期，容易受外界的影响。与此同时，青少年对制度的认同和尊崇是塑造政治认同的重要保障，对制度的无视容易造成制度系统的无序状态，阻碍体现制度本质的政治意识，不利于政治认同的构建，进而无法深刻理解中国特色社会主义制度经受的历史考验和实践检验。这是新时代针对青少年进行制度自信教育面临的深刻而复杂的新挑战。

二、内部视角：错误社会思潮侵蚀制度教育

社会思潮反映一定社会现实，“实质上是某种社会文化意识的表征，是在一定的社会经济政治条件之总和的基础上，由学术文化观点及其实践在社会层面的相互作用、相互影响形成的”①。在复杂多变的社会环境中，相互激荡、彼此斗争的社会思潮是影响青少年制度自信教育的思想因素。制度自信教育的内涵在于，体现制度的规矩意识与法治意识，由于一些涉及大是大非的错误思潮逐步侵蚀了中国特色社会主义制度的价值崇高性，鼓吹行为合理性的历史虚无主义、民主社会主义、新自由主义错误社会思潮此起彼伏，不利于青少年规矩意识和法治意识的培养。

（一）青少年规矩意识受到一定影响

守规矩是制度作用的重要体现。制度自信教育就是要将外在的制度转化为内在的遵从，形塑敬畏制度、尊崇制度的规矩意识。但是，规矩意识的形成与人

① 刘同舫.在应对当代各种社会思潮的挑战中发挥马克思主义的威力[J].马克思主义研究，2010(3).

们如何理解制度内蕴的价值崇高性密切相关，面对着开放多元的思想文化和价值观念，价值崇高性在历史虚无主义、新自由主义、民主社会主义等各种错误社会思潮的冲击下被不断消解，规矩意识遭受侵蚀。

历史虚无主义质疑和否定中国特色社会主义制度具有历史发展的必然性，使青少年难以理解我国的制度是中国共产党带领中国人民历经千辛万苦而得来的。历史虚无主义对阻碍社会主义制度建立的反动势力及其代表人物则予以“翻案”和颂扬，解构和虚无党史、新中国史、改革开放史。历史虚无主义在历史领域竭力破坏社会主义制度的价值崇高性，具有很强的现实指向性和政治目的性。简言之，历史虚无主义妄图侵蚀制度自信教育的历史基础，使青少年在历史的迷茫中失去规矩意识，进而动摇制度自信。这就是历史虚无主义的别有用心之处。

新自由主义和所谓民主社会主义为西方资本主义制度的调整和暂存提供了一定程度的意识形态的支撑，并通过话语权的争夺不断消解制度内蕴的价值崇高性。新自由主义等社会思潮以文化为载体，再配合技术渲染，最终以生动化、形象化的方式潜移默化地将其意识形态输出给社会大众，从而进行思想渗透。这种方式在表面上构建和描摹出美好生活的理想蓝图，令社会大众被意识形态具象化的文字表达艺术和影视传播艺术所打动，达到错误社会思潮消解社会主义制度价值崇高性的目的，在引发持续性共鸣中输出意识形态。特别是当前新媒体技术迅猛发展，错误社会思潮的传播将以多渠道、多具象的方式发挥着更加广泛的意识形态渗透作用，加之部分从事制度自信教育的人自身的制度知识储备较少，结果容易导致青少年规矩意识日益淡漠，为培养青少年制度意识和制度自信带来不小的困难。

（二）青少年法治意识受到一定影响

法治是社会主义核心价值观的重要内容。制度自信教育的重要目的之一，就是要增强青少年的法治意识，强化制度的规范性和秩序性，维护中国特色社会主义制度所依赖的法律体系和法治体系。然而，错误社会思潮却一味地鼓吹行为合理性，忽视制度作为外在强制力量规范行为的重要功能，法治意识遭受侵蚀。

受西方极端自由主义以及极端个人主义等错误社会思潮的影响，向往自由、拒斥约束成为不少人的追求。但极少数人追求的是极端自由，以自我为中心的思维习惯根深蒂固，往往认为制度无关于己，将自己或小团体所享受到的“制度红利”视为理所应当，而将形成和建构社会秩序的法律视为束缚。这种情况不断发酵的严重后果可能是，国家治理、社会治理、基层治理无法有效地形成群众的共识，更无法保证政策的稳定性。由于自由主义、个人主义、分散主义的具象化渗透，致使不少社会大众缺乏维护制度、遵循制度的法治意识。特别是在一些青少年中，我行我素、结交圈子、漠视法律的行为倾向比较明显，容易对青少年产生错误的示范引导，淡化周围人的法治意识。尤其在网络环境的催化下，经过一些“三观扭曲”的网络文化的推波助澜，这种负面影响的传播更加迅速、波及的范围更加广泛，加速了错误思潮的传播，不利于强化青少年制度自信教育。

除此之外，消费主义、功利主义影响甚广，一些人的私欲不断膨胀，只顾及个人利益而忽视集体利益，一旦实际能力无法满足需求便不惜铤而走险，法治意识较为淡薄。消费主义将社会大众的美好生活需求物质化、数字化、具体化，如美好生活的程度被量化为收入的高低、住房的大小和奢侈品的多少等。当然，一定的物质生活资料对于每个人而言都是必需的，人们也有权利追求更高层次的物质享受。但消费主义的症结在于，只注重物欲满足和感官诱惑，把发财致富作为人生的终极追求，以琳琅满目的商品掩盖精神世界的空洞。当越来越多的人追逐物质利益和感官享受，金钱就成为衡量人生价值和美好生活的不二法则，人们就不再愿意将制度内在的精神追求作为自身实践的价值准则，对制度的信仰也就无法成为社会普遍接受的精神追求，法治意识在无形之中被抽空掉了，很难自觉遵守宪法及相关法律法规。缺少法治规范和制度保证的行为不利于国家和社会治理的长期性和稳定性，甚至会扩大社会利益矛盾的冲突，导致社会关系的紧张。同时，功利主义与消费主义相伴而生，其原因在于，当人们忠实于感官和私欲的时候，便会把关注点放在人与物的关系上，更加注重物质利益。在此背景之下，以个人为中心的价值取向逐步扩大，对一己得失着重关注，集体意识和共同体利益则无从谈起。长此以往，在全社会趋利性文化氛围的影响下，不利于青少年自觉遵守制度，不利于捍卫党纪国法，制度自信教育的氛围也因此而大打折扣。

总之，当今世界处于百年未有之大变局，我国必须统筹国内、国际两个大局，做好各项工作。立足于国内、国际两个大局，我们必须深刻认识到强化青少年制度自信面临的意识形态挑战和风险。其中，既有来自外部的以西方资本主义意识形态为主的侵蚀，也有来自内部的错误社会思潮的沉渣泛起。因此，只有精准研判强化青少年制度自信教育的风险挑战，才能为后续强化青少年制度自信教育铺陈基础。

第五章　青少年制度自信教育的核心内容

中国特色社会主义是适合中国和时代发展进步要求的科学社会主义。它在坚持了科学社会主义基本原则的基础上，又与时俱进地赋予其鲜明的中国特色。制度自信来源于对历史经验的深刻总结和对现实问题的有效应对，中国特色社会主义制度是在马克思主义的指导下结合中国的具体实际，在中国特色社会主义的伟大实践中形成的成果。在科学社会主义的指导下，我们逐步确立并巩固了中国的政治制度、经济制度和各方面的重要制度，推动中国特色社会主义制度不断完善。历史和实践表明，中国特色社会主义制度是适合我国国情且能够持续推动我国发展进步的、系统完备的制度。

青少年是国家和民族的希望。青少年的发展状况影响着整个民族的前途和命运。青少年制度自信教育是引导与培养青少年对于中国特色社会主义制度的认同感并内化于心、外化于行的重要举措。新时代将制度自信教育融入国民教育的全过程，其核心内容在于坚持中国特色社会主义制度的优越性，以制度形成过程、实践效果及现实挑战为重点，着力培养青少年学生对中国特色社会主义制度的认知。其具体内容又包含两方面：其一，青少年制度自信教育的内容体系，其二，青少年制度自信教育的分段实施，包括了小学、初中、普通高中和普通高等学校 4 个阶段。

中国特色社会主义制度是当代中国发展进步的根本制度保障，是具有明显制度优势、强大自我完善能力的先进制度。习近平总书记曾多次强调将制度自信融入青少年发展过程的重要性。青少年制度自信教育是引导和培养青少年了解、认识中国特色社会主义制度，并通过理性反思形成认同，进而内化为自身的观念并指导实践。“青年是整个社会力量中最积极、最有生气的力量，国家的希望在青年，民族的未来在青年。”[①]开展对青少年的制度自信教育，要以中国特色社会主义制度的本质特征和优越性为核心，以制度形成过程、实践效果及现实挑战为重点，着力完善青少年学生对中国特色社会主义制度的认知，培育制度意识与认同感，形成对中国特色社会主义制度的信仰，提升尊崇、维护和执行中国特色社会主义制度的实际能力。

第一节　青少年制度自信教育的内容体系

对青少年进行制度自信教育的内容体系包括增强青少年对中国特色社会主义制度的认知、强化青少年对中国特色社会主义制度的认同、建立青少年对中国特色社会主义制度的信仰，以及鼓励青少年努力践行对中国特色社会主义制度的维护4个方面，共同构成在新时代将制度自信教育融入国民教育的全过程。

将制度自信教育融入国民教育全过程，使制度自信贯穿青少年发展的始终，是贯彻党的十九届四中全会精神的重要举措。制度自信教育以党的十九届四中全会公报和习近平总书记关于制度的重要论述为指导，从大中小学生的思想实际出发，遵循“知、情、意、行”的认知规律，通过讲清楚中国特色社会主义制度的内涵、形成发展过程、显著优势，以及如何坚持和发展好等问题，使学生知晓中国特色社会主义制度的内容体系、形成过程、运作逻辑、显著优势、发展前景等一系列问题，使青少年认识到中国特色社会主义制度是立足于中国特色社会主义的伟大实践，具有强大优越性、切实保障我国发展进步的先进制度；体会到中国特色社会主义制度为推进中国特色社会主义事业的广阔前景提供了重要制度保障和政治基础，其与中国特色社会主义道路、理论、文化的形成和发展相辅相成；明确制度自信作为“四个自信”之一，是党和人民坚定其他“三个自信”的基本依据，要正确处理好制度自信与其他“三个自信”之间的关系；形成制度辨识能力，能够区分不同制度优劣，既不故步自封，也不附和盲从，勇于革新，并敢于同破坏中国特色社会主义制度的行为做斗争，誓做社会主义制度的践行者和宣传者。

① 习近平.在纪念五四运动100周年大会上的讲话[N].人民日报，2019-05-01.

一、增强对中国特色社会主义制度的认知

增强青少年对中国特色社会主义制度的认知，逐步构建起学生对中国特色社会主义制度的基本概念和科学内涵、科学体系和内在逻辑、制度与治理的系统性理解。

（一）中国特色社会主义制度的基本概念和科学内涵是中国特色社会主义制度认知的基础

中国特色社会主义制度是我国的根本制度，是国家治理工作和活动具体展开的重要依据。中国特色社会主义制度是涵盖我国经济社会发展的各个方面、衔接而成的一整套制度体系。正确认识这个制度体系，必须明了其中起“四梁八柱”作用的根本政治制度、基本政治制度、基本经济制度，以及建立在此基础上的经济、政治、文化、社会及生态文明体制等事关治国理政各领域制度的核心意义、重要作用、关键要点，帮助学生认清中国特色社会主义制度必须坚持的根本点、完善和发展的方向。要使学生知晓“人民代表大会制度是坚持党的领导、人民当家作主、依法治国有机统一的根本政治制度安排”①，在整个制度体系中处于基础性地位，其决定着其他方面制度的完善，“是支撑中国国家治理体系和治理能力的根本政治制度”②，深刻体现了我国国家制度所具有的优越性。人民代表大会制度是在马克思主义的指导下探索形成的新型政治制度；是党领导人民在探索建设新型政权组织形式的实践中，在建设人民当家作主的新社会的探索中，对比国内外政治制度的优劣，深刻总结中外政治生活发展实践的经验教训做出的选择；是创造性地发展人类政治制度的壮举，也是为实现中国人民解放和中华民族复兴目标的选择。人民代表大会制度是“体现社会主义国家性质、保证人民当家作主、保障实现中华民族伟大复兴的好制度”③，因其深深植根于人民、彰显人民主体地位而焕发出强大的生机与活力。以民主集中制为组织原则的人民代表

① 习近平.决胜全面建成小康社会　夺取新时代中国特色社会主义伟大胜利[M].北京：人民出版社，2017:37.

② 中共中央文献研究室.十八大以来重要文献选编(中)[M].北京：中央文献出版社，2016:56.

③ 中共中央宣传部.习近平新时代中国特色社会主义思想学习纲要[M].北京：学习出版社，人民出版社，2019:127.

大会制度反映了人民民主专政的国家制度，是汇聚人民共识、体现人民意志的有效途径。民主集中制的组织原则实现了集中与民主的统一，在保障人民当家作主方面具有不可替代的作用，既能充分发扬民主，群策群力，集思广益，又能在民主的基础上有效集中，形成统一意志。广大人民群众通过人民代表大会制度行使国家权力，由人民民主选举产生各级人大的方式充分保障了人民意志的表达。其他各级机关都由人大产生，对人大负责、受人大监督，既合理分工又相互协调，充分调动各方面的积极性，保证国家各项事业有效推进。这是人民行使国家权力的最好形式，也是体现人民是国家和社会主人的明证，更是促进社会主义政治文明建设的重要载体。知晓中国的基本政治制度内容，了解党领导的多党合作和政治协商制度是中国新型政党制度，是根据中国实际，为了更真实、广泛、持久地代表和实现最广大人民根本利益而创造的伟大政治成果。它能够切实团结各党派、无党派人士为共同目标而奋斗，有效推进国家决策科学化、民主化。知晓民族区域自治制度是中国特色社会主义政治的组成部分，“是中国特色解决民族问题的正确道路的重要内容和制度保障”①。这一制度符合中国国情，能够在加强民族平等团结、促进民族地区发展、增强中华民族凝聚力等方面起到重要作用。知晓基层群众自治制度是保证人民群众实现基本权利、履行基本义务的有效制度安排。知晓公有制为主体、多种所有制经济共同发展，按劳分配为主体、多种分配方式并存。社会主义市场经济体制等经济制度，既坚持了社会主义的基本原则，体现出社会主义制度的优越性，又同我国现阶段社会生产力的发展水平相适应……总之，中国特色社会主义制度涵盖了政治、经济、文化、社会、生态文明、军事、外事等各个方面。

（二）科学体系和内在逻辑是中国特色社会主义制度认知的重要环节

中国特色社会主义制度大厦有“四梁八柱”，涵盖了中国共产党领导中国人民统筹推进“五位一体”总体布局、协调推进“四个全面”战略布局、统揽“四个伟大”实践及治国理政的各个方面，涵盖了实现“两个一百年”奋斗目标，进而实现中国梦的各个方面，是体系完备、系统科学、行之有效、具有中国特色和显著优势的制度。要帮助学生了解制度体系的总体图谱和内在结构，知晓不同领域、不同

① 充分发挥我国社会主义政治制度优越性[N].人民日报，2016-05-04.

层次的各项制度都是制度体系的重要组成部分。各类制度相互协调、各司其职，共同推进中国特色社会主义制度的自我完善与发展。要在实践中把握好中国特色社会主义道路、理论、文化、制度四者的关系。知晓党的领导是中国特色社会主义制度的最大优势，是顺利推进国家改革发展稳定事业的根本保证，也是实现中华民族繁荣富强的命运所系，更是有力保障全国各族人民的发展利益和安康幸福所在。根本政治制度与基本政治制度都是依据我国的基本国情为保障社会主义民主政治而建，能最大限度地保障人民当家作主。基本经济制度实现了社会主义基本原则与市场经济的有机结合，是社会主义市场经济制度的根基，能推动资源配置实现效益最大化和效率最优化，保持宏观经济稳定，保障公平竞争，维护市场秩序，推动可持续发展；按劳分配为主体、多种分配方式并存有利于社会公平，保障了人们的勤劳致富；“文化自信是更基础、更广泛、更深厚的自信，是一个国家、一个民族发展中更基本、更深沉、更持久的力量”①。中国特色社会主义注重精神文明和物质文明的全面发展。“发展社会主义先进文化、广泛凝聚人民精神力量，是国家治理体系和治理能力现代化的深厚支撑。”②文化制度在推动社会主义文化繁荣兴盛、构建中国精神、增强中国力量方面具有重要意义。生态文明建设关系着文明的兴衰演替，关系着中华民族的永续发展及治理能力现代化的可持续性，关系着人民群众对于美丽中国的热切期盼，是探索发展与保护协同共生的新路径，也是实现可持续发展的保障。尊重、顺应、保护自然，完善、健全从源头防治、过程控制、责任追究等全过程入手的生态环境保护体系，有利于保障民生、促进人的全面发展、满足人民多样化的发展需求。尽管制度体系中各方面制度的侧重点不同，但都相互交融统一于中国特色社会主义事业，“中国特色社会主义，是科学社会主义理论逻辑和中国社会发展历史逻辑的辩证统一，是当代中国大踏步赶上时代、引领时代发展的康庄大道”③。“五位一体”总体布局和“四个全面”战略布局相互促进、统筹联动，是新时代坚持和发展中国特色社会主义的战略规划和总体部署。道路决定命运，中国特色社会主义道路是满足

---

① 中共中央宣传部.习近平新时代中国特色社会主义思想学习纲要[M].北京：学习出版社，人民出版社，2019：138.

② 中国共产党第十九届中央委员会第四次全体会议文件汇编[G].北京：人民出版社，2019：42.

③ 中共中央宣传部.习近平新时代中国特色社会主义思想学习纲要[M].北京：学习出版社，人民出版社，2019：25.

人民美好生活需要、建成社会主义现代化强国、实现中华民族伟大复兴的必由之路；中国特色社会主义理论体系是立足时代前沿、与时俱进、不断实现马克思主义中国化、指导党和人民实现中国梦的科学理论；中国特色社会主义制度是特色鲜明、具有持续发展优势、富有效率、能够自我完善、科学规范的先进制度；中国特色社会主义文化既与中华民族文明历史进程中形成的优秀传统文化一脉相承，又包含着近代以来党领导人民救国救民历程中淬炼成的革命文化，更和与时俱进、体现我国大踏步赶上时代的社会主义先进文化相融合。它蕴含着中华民族的独特精神标识，是不断激励中华儿女奋勇前进的精神动力。“中国特色社会主义道路是实现途径，中国特色社会主义理论体系是行动指南，中国特色社会主义制度是根本保障，中国特色社会主义文化是精神力量，四者统一于中国特色社会主义伟大实践。”①

（三）中国特色社会主义制度的有效运行与国家治理是对中国特色社会主义制度的基本认知

坚持和完善中国特色社会主义制度，是为了更好地提高党带领人民管理经济社会事务的能力，推动治理体系和治理能力现代化，成为推动国家发展、民族进步、人民生活改善的根本保障。要引导学生了解制度的运行状况，了解我国国家制度和国家治理体系具备的显著优势和需要持续推进的部分，使其知晓中国国家制度和国家治理体系所具有的优势体现在：第一，坚持党的集中统一领导，实现政治稳定和社会发展，坚持发展人民民主，依靠人民发挥伟大能力；第二，坚持全面依法治国，保障社会公平正义，推进民主法治进程，系统推进各方面事业；第三，既坚持全国各民族一律平等，促进民族团结与共同繁荣，推进中华民族整体跃进，又坚持基本经济制度，在发挥市场作用的同时实现稳定发展，促进社会生产力的跨越式提升，促进全体人民共同富裕；第四，既坚持中华民族共同的价值追求、理想信念，弘扬中华优秀传统文化，促使全体人民在精神上团结一致，又坚持以人民为中心的发展思想，保障人民根本利益，满足人民生活需求，增进人民福祉；第五，既坚持与时俱进、开拓创新，实现自我完善与提高，又坚持人才培

① 中共中央宣传部.习近平新时代中国特色社会主义思想学习纲要[M].北京：学习出版社，人民出版社，2019：31.

养，选贤任能，造就新时代全面发展的优秀人才；第六，既坚持党指挥“枪”，保障国家主权、安全、发展利益，又坚持祖国和平统一，保持港、澳的长期繁荣稳定；第七，既坚持构建人类命运共同体，积极参与全球事务，又坚持独立自主与对外开放相统一，走和平发展的道路。这些“显著优势”是我们坚定中国特色社会主义制度的稳定性和延续性，增强制度自信的重要依据。

中国特色社会主义制度和国家治理体系是“以马克思主义为指导、植根中国大地、具有深厚中华文化根基、深得人民拥护的制度和治理体系”①，也是能够持续推动国家和民族发展的基础保证。在坚定制度自信的基础上，既要坚持和完善党的领导制度体系，不忘初心、牢记使命，夯实党的执政基础，做到“两个维护”，自觉同以习近平同志为核心的党中央保持一致，又要坚持和完善人民当家作主制度体系，拓宽民主渠道，丰富民主形式，坚持大统战格局，丰富“众人的事情众人办”的制度化实践；既要坚持和完善中国特色社会主义法治体系，实现法律面前人人平等，维护国家法制统一、尊严和权威，在全社会形成尊法学法守法用法的氛围，又要坚持和完善中国特色社会主义行政体制，创新行政方式，提高行政效能，确保工作体系权责清晰、运行顺畅、充满活力；既要坚持和完善社会主义基本经济制度，贯彻新发展理念，实现绿色、创新、协调的可持续发展，加快构建现代化经济体系，又要坚持和完善社会主义先进文化制度，牢牢把握社会主义先进文化的前进方向，革故鼎新，推陈出新，体现文化发展的时代内涵，实现文化的大繁荣、大发展；既要坚持和完善民生保障制度，创新公共服务方式，满足人民多层次、多样化的需求，又要坚持和完善社会治理制度，加强和创新社会治理，统筹发展和安全，切实保障人民生命安全；既要坚持和完善生态文明制度体系，走文明发展道路，建设美丽中国，又要坚持和完善党对人民军队的绝对领导制度，加强全民国防教育，全面推进国防和军队现代化；既要坚持和完善“一国两制”制度体系，护国家主权、安全和发展利益，推进祖国和平统一进程，又要坚持和完善独立自主的和平外交政策，坚定不移地维护世界和平，促进共同发展；坚持和完善党和国家监督体系，推动各类监督有机贯通，坚持权责统一，推进自我革命。推动中国特色社会主义制度的不断完善与发展，始终保持生机与活力，提升治理效能。

---

① 习近平谈治国理政(第3卷)[M].北京：外文出版社，2020：121.

二、强化对中国特色社会主义制度的认同

强化青少年对中国特色社会主义制度的认同，形成青少年对其深厚历史文化底蕴、科学理论基础以及显著实践优势的认同。

（一）教育引导青少年深刻理解并认同中国特色社会主义制度的深厚历史文化底蕴

近代以来，中国人民为建立适合中国国情的制度进行了无数探索，从洪秀全等人建立的太平天国，维新变法时期的君主立宪制，到孙中山建立中华民国实行的总统共和制，北洋军阀时期实行过的责任内阁制、多党制、议会制、大元帅制、委员会制等，都没有改变近代中国半殖民地半封建社会的性质。中国共产党成立后，带领人民继续探索。井冈山革命根据地的建立，抗日战争时期在陕甘宁边区发展抗日民主政权的实践，均为以后建立人民民主专政的国家积累了宝贵经验。新中国成立后，确立了我国的国体、政体及国家结构形式，并建立起社会主义基本制度，奠定了我国发展进步的制度根基。改革开放后，中国特色社会主义的开创，为我们坚持"走自己的路"指明了方向。在党领导人民奋进前行的伟大实践中形成与完善了中国特色社会主义制度，这是"深刻总结近代以后中国政治生活惨痛教训得出的基本结论，是中国社会一百多年激越变革、激荡发展的历史结果，是中国人民翻身作主、掌握自己命运的必然选择"①。中国特色社会主义制度不是"旱地拔葱"，也不是移植而来的"外来物"，这一制度的确立和完善有深厚的历史文化底蕴。五千年的历史文化传统，从"天朝大国"到近代以来饱受欺凌的历史命运，处于社会主义初级阶段的基本国情等，都注定了我们要走的发展道路必定是契合我国历史传统、文化、特点的道路。在人类文明历史长河中，中国人民创造的优秀传统文化为中华民族生生不息、发展壮大提供了强大精神支撑。中华优秀传统文化中所蕴含的丰富哲学思想、人文精神、价值规范等，为解决当代人类面临的难题提供了重要启示，也为中国特色社会主义制度的完善与发展提供有益启迪。中华优秀传统文化是中华民族的"根"和"魂"，也是中国特色社会主义制度焕发出蓬勃生机的文化沃土。近代以来，中国共产党在带领人

① 中共中央文献研究室.十八大以来重要文献选编（中）[M].北京：中央文献出版社，2016：53.

民为实现民族独立、人民解放而奋斗的历史进程中所形成的革命文化，积淀着深厚的历史文化内涵和革命精神。中国共产党领导中国人民在革命实践中所形成的革命文化昭示了红色政权来之不易、新中国来之不易、中国特色社会主义来之不易。社会主义先进文化是以马克思主义为指导，立足当代中国发展的实际条件，坚守中华文化立场，面向现代化、面向世界、面向未来，民族的、科学的、大众的社会主义文化。它是在新民主主义文化的基础上建立，植根于中华优秀传统文化，立足于中国实际，吸收国外文化有益成果，通过不断的改革创新，形成的具有中华民族特性的先进文化。要通过各种形式加强对青少年党史、新中国史、改革开放史、社会主义发展史的宣传教育，使青少年能够接受、乐于思考。通过讲好中华民族传统文化、革命文化和社会主义先进文化的中国故事，树立当代中国的良好形象，以文化人、以情动人，让青少年真切感受到党领导人民不畏艰险、改革创新、和平发展的拼搏过程与伟大成绩，并将反映当代中国富强、文明的价值理念及文化成果推向世界；通过纵向的历史比较和横向的现实比较，让青少年了解到中国特色社会主义制度的产生和发展以及优势，彰显中华民族从站起来、富起来到强起来背后的制度支撑，理解为什么要长期坚持和发展这一制度，从而对中国特色社会主义制度抱有更加强大的信心和信念，增强青少年对中国特色社会主义制度的情感认同。

（二）教育引导青少年深刻理解并认同中国特色社会主义制度的科学理论基础

马克思主义理论揭示了“两个必然”和“两个绝不会”的深刻内涵，指出了资本主义制度的实质及历史局限，阐明了社会主义制度的优越性，为人类探索社会制度提供了思想武器。唯物史观和剩余价值学说揭示了人类社会发展的规律性，为人类指明了从“必然王国”向“自由王国”飞跃，进而实现全人类解放的途径。马克思主义不同于空想社会主义，不会因为看不到社会发展的规律而找不到实现“理想社会”的有效途径。实践性是马克思主义理论的显著特征。它从实践中来，又回到实践中去，指导着社会的伟大变革。马克思主义恰恰是站在人民的立场上探求人类自由与解放的道路，以科学的理论系统建构指明了历史前进之路。它植根于人民之中，为实现每个人自由而全面的发展指明了方向，创立了人民实现自身解放的思想体系，为人民改造世界的行动提供指引；它是在人民谋求自身解放的社会实践中形成的，同时也在实践中得以丰富和发展，为人民认识世界、改造世界提供了重要的科学指导；马克思主义是行动指南，不是教条的、停滞不前的，而是始终站在时代前沿，随着时代的变化、实践的发展而不断促进自身的丰富、完善与创新。实践已经证明，历史和人民选择马克思主义是完全正确的。它是中国革命、建设和改革发展的强大思想武器，中国共产党在领导人民谋复兴的实践进程中不断将马克思主义基本原理同中国具体实际相结合、不断推进马克思主义中国化时代化，它早已同中国共产党、中国人民、中华民族的命运紧密相连。“在新时代，中国共产党人把马克思主义基本原理同新时代中国具体实际结合起来，团结带领人民进行伟大斗争、建设伟大工程、推进伟大事业、实现伟大梦想，推动党和国家事业取得全方位、开创性历史成就，发生深层次、根本性历史变革，中华民族迎来了从富起来到强起来的伟大飞跃。”①这一伟大飞跃来源于始终对马克思主义的坚持，同时更强有力地证明，要实现中华民族的伟大复兴，只有坚持和发展马克思主义、推进马克思主义中国化，坚定不移地走中国特色社会主义道路。

中国共产党人遵循科学社会主义的原则，积极推动马克思主义中国化，在具体的制度探索实践中将马克思主义制度理论与中华民族在几千年历史演进中形成的大同理想、民本思想、平等观念等关于国家制度和国家治理的丰富思想相结合，依据唯物史观的科学的世界观和方法论构建起了中国特色社会主义制度体系。要通过全面系统阐述马克思主义制度理论及科学社会主义理论，讲清中国特色社会主义制度蕴含的丰富理论依据，引导青少年深刻认识和理解中国特色社会主义制度是马克思主义基本原理同中国具体实际相结合的结晶，是遵循科学社会主义原则，符合中国国情和实际的系统完备、科学规范、运行有效的制度体系，从而增强青少年对中国特色社会主义制度的理性认同。

（三）教育引导青少年深刻认同中国特色社会主义制度的显著实践优势

“制度优势是一个国家的最大优势，制度竞争是国家间最根本的竞争。制度

① 习近平.在纪念马克思诞辰200周年大会上的讲话[N].人民日报，2018-05-05.

稳则国家稳。"[①]政治持续稳定是经济快速发展与社会长期稳定的关键。中国特色社会主义制度形成了执政党和领导党相统一的制度安排，把执掌政权与领导社会内在地结合起来，为党能够领导人民创造"两大奇迹"提供了重要保障；以党领导一切的权威优势形成全国一盘棋、集中力量办大事的体制机制，最大限度地调动一切积极因素以经济建设为中心，实现经济持续健康稳定发展，以增进人民福祉为价值取向，以社会主义核心价值观为社会引领，以党指挥"枪"的军事原则，以选举民主、协商民主、基层民主的政治参与形式，以不断自我完善的调节能力，以统筹全局的制度安排管理国家、治理社会，保证了国家长治久安，有效避免了经济快速发展过程中可能出现的民族对抗、群体冲突、社会动荡等问题。中国特色社会主义制度在兼具经济快速发展与社会长期稳定方面具有独特优势。"中国特色社会主义制度是党和人民在长期实践探索中形成的科学制度体系"[②]，中国共产党和中国人民经过反复比较和总结，才选择了马克思主义、选择了社会主义道路。党领导人民推进革命、建设和改革的进程中，将马克思主义基本原理同中国发展的具体实践结合起来，独立自主走自己的路，才建立了中国特色社会主义制度，迎来了中国特色社会主义从创立、发展到完善的伟大飞跃。

实践证明，中国特色社会主义制度既克服了资本主义制度体系的弊端，又克服了"苏联模式"的弊病，是一种成功的制度探索；既借鉴了古今中外制度建设的有益成果，又坚持了社会主义的根本原则，是符合我国国情的制度。中国特色社会主义制度既有利于保持党和国家的活力，又能调动社会各方面进步和发展的积极性；既有利于维护社会公平正义，保障全体人民共享发展成果，又有利于集中力量办大事，维护民族团结、社会稳定与国家统一。社会主义没有一成不变、照本宣科的模板，只有把科学社会主义的基本原则同本国国情、历史文化传统、发展实践及时代要求紧密结合起来，不断探索总结经验才能把宏伟蓝图变为美好现实。因此，要通过生动事例讲述新中国成立以来尤其是改革开放以来党领导人民创造了经济快速发展、社会长期稳定的"两大奇迹"。在历史与国际比较中，引导青少年深刻认识中国特色社会主义制度和国家治理体系具有的显著优

① 何毅亭.论中国特色社会主义制度[M].北京：人民出版社，2020：26.

② 中国共产党第十九届中央委员会第四次全体会议文件汇编[G].北京：人民出版社，2019：18.

势，认清它是确保中国各项事业持续稳定发展、中华民族实现最终伟大复兴的重要保证，从而坚定青少年对中国特色社会主义制度的实践认同。

三、建立对中国特色社会主义制度的信仰

建立青少年对中国特色社会主义制度的信仰，教导青少年坚决维护和坚持中国共产党的领导、形成和坚定人民立场、树立和增强法治意识。

（一）教育引导青少年维护和坚持中国共产党的领导

中国发展进步的根本保证是坚持党的领导。党对一切工作的全面领导是中国特色社会主义国家治理的优势所在。国家治理是一项涉及多主体、多领域的系统工程，需要各方面力量相互配合、协同推进，党总揽全局、协调各方的领导核心作用能够聚集各方面力量，形成强大合力，增强国家治理的系统性、整体性，统筹推进社会主义现代化事业。“历史已经并将继续证明，没有中国共产党的领导，民族复兴必然是空想。”[①]没有中国共产党的领导，民族解放、国家独立与社会发展、中国人民今天的生活水平都就将成为不可想象的事情。党的集中统一领导是中国特色社会主义制度和国家治理的显著优势，在党的集中统一领导下，我国形成了党的领导和政治、经济、文化、社会、生态文明、军事、外事等各方面的制度体制机制，国家治理体系和治理能力现代化步伐明显加快，实现了全国各族人民的大团结，有效抵御了前进道路上的各种风险挑战。中国共产党在推动中国历史前进中发挥着无可替代的领导核心作用。在国家治理体系这个由诸多子系统构成的复杂系统中，其核心是中国共产党，人大、政府、政协、监委、法院、检察院、军队，各民主党派和无党派人士，各企事业单位，工会、共青团、妇联等群团组织都始终坚持中国共产党的领导。“哪个领域、哪个方面、哪个环节缺失了弱化了，都会削弱党的力量，损害党和国家事业。”[②]在当今中国，党是最高政治领导力量，没有大于中国共产党的政治力量或其他什么力量。“党政军民学，东西

① 习近平.决胜全面建成小康社会 夺取新时代中国特色社会主义伟大胜利[M].北京：人民出版社，2017：16.

② 中共中央宣传部.习近平新时代中国特色社会主义思想学习纲要[M].北京：学习出版社，人民出版社，2019：70.

南北中，党是领导一切的。"[①]中国共产党是执政党。党的领导是我国政治稳定、经济发展、民族团结、社会稳定的根本点，也是顺利推进党和国家各项工作的根本保证。这决定了党必须始终成为时代先锋、民族脊梁。这就要加强党的长期执政能力建设，先进性、纯洁性建设，不断提高党的建设质量，勇于自我革命，不断提高执政能力和领导水平，推动国家治理能力逐步提升。必须增强"四个意识"、坚定"四个自信"，经受住"四种考验"和"四种危险"，"坚决维护习近平总书记党中央的核心、全党的核心地位，坚决维护党中央权威和集中统一领导，保证全党团结统一和行动一致，确保党始终总揽全局、协调各方"[②]。

要引导青少年认识理解新时代坚持和发展中国特色社会主义的基本方略，首先就是坚持党对一切工作的领导：认识理解党的领导是中国特色社会主义制度的最大优势；认识理解党的领导制度是我国的根本领导制度，在中国特色社会主义制度和国家治理体系中居于统领地位；认识理解党的领导既是中国特色社会主义制度的核心内容，又是中国特色社会主义制度的构建主体；党通过不断提高执政能力和领导水平推动国家治理能力和治理效能的提升。

（二）教育引导青少年形成和坚定人民立场

人民群众是中国特色社会主义事业的主体力量，人民的创造性实践是中国进步的力量源泉，"坚持人民当家作主，发展人民民主，密切联系群众，紧紧依靠人民推动国家发展"[③]是我国国家制度和国家治理体系的显著优势。中国特色社会主义制度坚持以人民为中心的发展思想，将人民对美好生活的向往落在实处，切实保障最广大人民的根本利益，将人民放在经济社会发展的最高位置，顺应民心、尊重民意、关注民情、致力民生，让全体人民共享经济社会发展成果，切实增强人民的获得感、幸福感、安全感。"世界上没有完全相同的政治制度模式，一个国家实行什么样的政治制度，走什么样的政治发展道路，必须与这个国家的

---

① 习近平.决胜全面建成小康社会　夺取新时代中国特色社会主义伟大胜利[M].北京：人民出版社，2017：20.

② 中共中央宣传部.习近平新时代中国特色社会主义思想学习纲要[M].北京：学习出版社，人民出版社，2019：69.

③ 中国共产党第十九届中央委员会第四次全体会议文件汇编[M].北京：人民出版社，2019：5.

国情和性质相适应。”[①]自新中国成立以来，特别是改革开放以来，党带领人民成功开辟和坚持了中国特色社会主义政治发展道路，为实现最广泛的人民民主确立了正确方向。中国特色社会主义制度始终代表人民利益，保证人民当家作主，体现人民共同意志，维护人民合法权益；依靠人民，尊重人民的主人翁地位，发挥人民当家作主的主体作用和首创精神，动员和组织广大人民参与经济社会建设，使最广大人民投身社会主义建设的积极性、主动性、创造性充分迸发。改革开放以来，党带领人民在坚持社会主义制度的基础上，不断深化体制改革与创新，持续推进社会主义民主政治制度化、规范化、程序化，保证人民依法通过各种途径和形式管理国家事务、经济文化事业和社会事务。人民代表大会制度成为保障人民行使国家权力的制度安排。中国特色社会主义民主政治制度能够保障人民享有更广泛、切实的权利和自由，保证人民广泛参与国家和社会治理；能够有效协调国家政治关系，增强民族凝聚力，维持国家的稳定与和谐；能够有效促进社会生产力的解放和经济快速发展，回应人民群众关于生活的各种需要，不断促进国家和民族的发展。

要引导青少年了解中国特色社会主义制度建设发展的主体和依靠是人民；中国特色社会主义制度体现的是人民的意志、代表和维护的是最广大人民群众的利益；坚持人民当家作主是中国特色社会主义制度和国家治理体系有效运行、充满活力的根本所在；认识人民群众是社会变革的决定力量，理解人民立场是我国社会主义制度体系的根本政治立场。

（三）教育引导青少年树立和增强法治意识

依法治国是党领导人民依照宪法和法律治理国家，确保国家各方面运作不受任何个人意志的干预、阻碍或破坏，实现国家长治久安的必要保障。“建设中国特色社会主义法治体系、建设社会主义法治国家是坚持和发展中国特色社会主义的内在要求。”[②]法治是中国特色社会主义制度的基本内容、主要载体和重要保障。“宪法集中体现了党和人民的统一意志和共同愿望，是国家意志的最高

① 中共中央宣传部.习近平新时代中国特色社会主义思想学习纲要[M].北京：学习出版社，人民出版社，2019：124.

② 中国共产党第十九届中央委员会第四次全体会议文件汇编[M].北京：人民出版社，2019：9.

表现形式。"[①]宪法在中国特色社会主义法治体系中具有根本性的地位，是全面推进我国依法治国的根本性的制度保障。"我们坚持依宪治国，与时俱进修改宪法，设立国家宪法日，建立宪法宣誓制度，宪法实施和监督全面加强"[②]；坚持依法治国与以德治国相结合，不断探索中国特色法治道路。"中国之治"凝聚着党治国理政的成果和经验，新中国成立后，党运用新民主主义革命时期根据地法制建设的经验积极进行社会主义法治建设。1954 年，第一届全国人大通过的宪法成为新中国宪政的奠基，在国家治理及社会主义制度的构建中发挥了重要作用。改革开放以来，党对依法治国问题的认识逐步深化，走出了一条中国特色社会主义法治道路。人民群众对法治的认识普遍提升，法治要求也相应提高，要求必须将依法治国置于党和国家工作全局中更加突出、更加重要的地位。全面依法治国，既是立足于解决我国在改革、发展、稳定的实践中出现的各种矛盾的现实考量，也是着眼于中国特色社会主义事业发展的长远谋划。党的十八大以来，中国特色社会主义法律体系、法治体系日益健全。"中国特色社会主义法治道路的核心要义，就是要坚持党的领导，坚持中国特色社会主义制度，贯彻中国特色社会主义法治理论。"[③]全面推进依法治国，有利于激发社会发展活力、促进社会公平正义、维护社会和谐稳定、确保党和国家长治久安，为解决各项事业发展中面临的重大问题提供重要遵循，密织法律之网，强化法治之力。全面推进依法治国是一项系统工程，是国家治理领域一场广泛而深刻的革命，"必须抓住建设中国特色社会主义法治体系这个总抓手，努力形成完备的法律规范体系、高效的法治实施体系、严密的法治监督体系、有利的法治保障体系"[④]，坚持依法治国、依法执政、依法行政协同推进，坚持法治国家、法治政府、法治社会一体建设，实现科学立法、严格执法、公正司法、全民守法，不断开创全面依法治国新局面。习近平总书记多次强调"法治兴则国家兴，法治衰则国家乱"[⑤]。只有法治昌明、正义可

---

① 习近平谈治国理政(第 3 卷)[M].北京：外文出版社，2020：281.

② 习近平谈治国理政(第 3 卷)[M].北京：外文出版社，2020：283.

③ 中共中央宣传部.习近平新时代中国特色社会主义思想学习纲要[M].北京：学习出版社，人民出版社，2019：98.

④ 习近平谈治国理政(第 3 卷)[M].北京：外文出版社，2020：285.

⑤ 中共中央宣传部.习近平新时代中国特色社会主义思想学习纲要[M].北京：学习出版社，人民出版社，2019：96.

期、赏罚分明，才能实现国泰民安；法治松弛、忽视法治、无视规矩和纪律，就会导致国乱民怨，难以实现民族复兴。

要让青少年了解依法治国是党领导人民治理国家的基本方式，了解依法治国思想和实践的来源和进程；了解坚持和发展中国特色社会主义制度的内在要求就是建设中国特色社会主义法治体系；了解现行中国特色社会主义法律体系及其建设的进程。并通过各种形式，对青少年进行教育引导，从少时起步，逐渐形成尊法、守法、护法、用法的思想自觉和行动自觉。

四、践行对中国特色社会主义制度的维护

践行对中国特色社会主义制度的维护，要求青少年遵守执行制度、守正创新制度、弘扬传播制度。

（一）教育引导青少年遵守执行中国特色社会主义制度

中国特色社会主义制度是中国共产党带领人民实现马克思主义与中国具体实践相结合的过程中，深刻总结国内外正反两方面制度建设经验而构建起的科学制度体系。其中，内化于心、外化于行的制度意识，是制度执行的重要前提。青少年应当认识到中国特色社会主义制度是党和人民经过长期实践探索做出的抉择，更是实现中华民族伟大复兴的制度保障。青少年应当积极争做制度的守护者，增强制度的情感、价值和理性认同，将制度转化为内在的思想自觉和行动自觉，自觉遵守宪法及相关法律法规，努力学习马克思主义理论及中国特色社会主义理论体系，了解制度、敬畏制度，监督制度的执行，争当维护制度的生力军。制度能否发挥效用，关键在于执行。任何制度都不会自动运行。其效用也不会自然而然地转化为治理效能。制度发挥效能的程度主要取决于其执行是否到位。制度执行得越有力，就越能充分发挥其功能，彰显其价值。否则，再好的制度，也会因为落实不到位而走样、变形，甚至沦为一纸空文。制度的执行绝不意味着僵化保守、亦步亦趋，在新形势、新任务、新挑战面前，制度的执行者应是注重发扬主观能动性和主体创造性的人，既严格执行制度，又能从实际出发，善于将制度的执行与时代特征相结合，与时俱进。自觉尊崇制度，严格执行制度，坚决维护制度，让制度的生命力越来越旺盛，把社会

主义制度的巨大优势在推进国家治理体系和治理能力现代化进程中充分释放、彰显出来。“中国之治”是在不断发展和完善中国特色社会主义制度的保障和推动下实现的。这是我们坚定中国特色社会主义制度自信的客观依据。中国特色社会主义制度具有鲜明的中国特色、明显的制度优势、强大的自我完善能力，是当代中国发展进步的根本制度保障。信者行之基。唯有制度自信，才会产生执行制度持久而强大的无限动力。要引导青少年强化制度意识，充分认识中国特色社会主义制度的本质特征和优越性，坚定制度自信；充分认识中国特色社会主义制度和国家治理体系是经过了党和国家长期经验的总结和沉淀，得来不易，需要倍加珍惜；充分认识制度和治理体系具有的发展性，要根据中国实践不断推进其体系发展。在日常学习与生活中带头维护法律权威和制度权威，守护制度红线，坚决反对打着任何旗号来践踏、违背、篡改制度，坚决做法律和制度执行的表率。明确制度不是“摆设”，制度的生命力在于执行，制度执行越有力，治理能力越有效。

（二）教育引导青少年认识中国特色社会主义制度的守正创新之道

“中国特色社会主义制度之所以能永葆生机活力，一个重要原因是遵循了守正创新之道。”[①]守正、创新就是在进行全面深化改革的同时坚持中国特色社会主义的方向。坚持和完善中国特色社会主义制度，要把握守正与创新之间的关系。守正是创新的前提，制度创新是守正基础上的完善，在任何时候都要站稳中国特色社会主义这个根本立场。坚定制度自信要通过完善和发展，推动各方面制度更加成熟、定型，推进国家治理体系和治理能力现代化，使制度的优势能够成功转化为人民群众能够感受到的国家有了发展、民族得到复兴、社会有了进步。我们要把坚定制度自信和不断改革创新有机统一起来，着力固根基、扬优势、补短板、强弱项，构建系统完备、科学规范、运行有效的制度体系，推动中国特色社会主义制度不断完善和发展、永葆生机活力。中国特色社会主义制度，是党和人民在长期实践探索中形成和完善起来的，是党和人民长期奋斗、接力探索、历尽千辛万苦、付出巨大代价得来的，是中国革命、建设、改革的产物，是我们坚定制度自信的重要立足点。中国特色社会主义制度是植根中国大地、具有深厚

---

① 孙来斌.中国制度守正创新之道[N].人民日报，2019－02－13.

中华文化根基，有效、管用，深得人民拥护，具有强大生命力和巨大优越性的科学制度体系。要把坚定制度自信和不断改革创新有机统一起来，在守正、创新中坚持和完善中国特色社会主义制度；要把坚持中国特色社会主义制度的显著优势与新时代新任务新要求结合起来，与时俱进，开拓创新，推动中国特色社会主义制度迸发出更大活力。青少年应当理解中国共产党为中国人民谋幸福、为中华民族谋复兴的初心与使命及破除妨碍社会发展机制的藩篱与进行机制创新的辩证统一性，将坚持正确方向的定力与对勇敢创新的自觉结合起来。坚持守正、创新，完善和发展中国特色社会主义制度、推进国家治理体系和治理能力现代化为总目标，既保持制度的自信与创新的自觉，又保持守正的坚定和创新的激情，不断增强中国制度的生机活力。同时，理解中国共产党与时俱进把握时代脉动，所思所动扎根中国大地，密切联系改革开放伟大实践，不断赋予中国特色社会主义制度以鲜明的时代特色、中国特色、实践特色，防止自视清高、自我满足和裹足不前、故步自封，不断革除体制机制弊端，推动制度与时俱进，在实践中创新发展，使之不断走向成熟和定型，永葆生机活力。

（三）教育引导青少年弘扬中国特色社会主义制度的先进性

中国特色社会主义制度能够在最大限度上保障人民当家作主，体现最广大人民的诉求与主张。其完善与发展是动态的过程，在解决问题的实践中逐步深化，促使制度更加成熟更加定型。它既不过于理想化、急于求成，也不盲目自满、故步自封。中国特色社会主义制度的建立是伴随着党领导人民艰辛探索、勇于开拓、不断创新的实践过程，要教育引导青少年将中国特色社会主义制度放到历史的大视野中加以深刻认识和把握。认识中国特色社会主义制度不仅要了解它形成的过程，更要讲清楚它的根脉，讲清楚它的优势所在。“新中国成立七十年来，我们党领导人民创造了世所罕见的经济快速发展奇迹和社会长期稳定奇迹，中华民族迎来了从站起来、富起来到强起来的伟大飞跃。”[①]这“两大奇迹”的创造，正是中国制度显著优势合力的作用和整体效应的收获。高度的制度自信来自中国特色社会主义制度在国家治理效能上的显著优势。新中国成立以来的建设业绩尤其是改革开放以来的发展奇迹，是党领导人

① 中国共产党第十九届中央委员会第四次全体会议文件汇编[C].北京：人民出版社，2019：19.

民不断发挥制度显著优势的结果。制度属性由国家的性质所决定，世界上从来就不存在完全相同的制度，制度好不好，本国人民才最有发言权。在制度保障下，我国如期完成了新时代脱贫攻坚目标任务，消除了绝对贫困和区域性整体贫困，人民群众的生产生活条件明显改善，人民权利得到了最根本的实现。制度自信是当代中国人民为实现中华民族伟大复兴的宏伟目标不懈奋斗的强大精神力量。中国特色社会主义制度在探索中形成，在发展中成熟，在完善中定型。这是实现人民当家作主的国家制度，是增进人民福祉、让老百姓生活得更加美好的国家制度，是党团结带领人民不断创造奇迹和辉煌的国家制度，是保证实现中华民族伟大复兴宏伟目标的国家制度，是展示社会主义巨大优势和强大生命力的国家制度。要把中国制度的故事讲精彩，就要以高度的自信讲好中国制度的发展前景。要教育引导青少年主动关注社会、了解国家各项制度的发展，理解中国特色社会主义制度的本质特征，主动回应社会关切的热点问题，积极传播"中国之治"最新成就、典型案例、显著优势、制度密码等中国制度故事，扩大中国制度的影响力和感召力，把制度优势转化为话语优势。培养青少年的制度辨识能力，鼓励其勇于对错误观点旗帜鲜明地予以批驳和澄清，对实际情况进行解释和说明，明辨是非，激浊扬清。

第二节　青少年制度自信教育的分段实施

在把握制度自信教育内在逻辑和价值的基础上，制度自信教育总体目标的实现需要根据不同学段学生的生理心理特点、学习认知能力、理解能力的不同，充分发挥第一课堂、第二课堂和第三课堂的协同效应，整体规划、分层设计、有机衔接、系统推进，既不操之过急又不懈怠放松，以尊重客观教育教学规律为发力点，精准、持续发力，以科学、可行的方法开展制度自信教育，以动态发展的眼光看待制度教育成效。在教育方式方法上，注重思想性、科学性、趣味性、实践性相结合，推动启发式教学，融知识传授与价值引领于一体，有针对性地在课本编排、课程设计、教学实施环节融入制度自信教育元素，将制度自信教育有机融入各项环节。

一、小学阶段:培养对制度的感知

小学阶段是制度自信教育的“播种期”,对后续阶段青少年形成对制度的认同和信仰具有基础性作用。小学阶段的制度自信教育,应充分考虑到小学生的实际情况:对新鲜事物、新的知识表现出无限的兴趣与好奇,迫切想要了解更多的知识;对事物的观察大多是被动的、不自觉的,以无意识为主,注意力容易分散和转移,具体形象思维占主导,抽象概念思维的发展较为有限;能通过规训教育认识到自己是集体的一员,易受权威影响,听老师的话。因此,这一阶段的教育既要做好知识和情感的“打桩”,又需注意教育教学方式方法的趣味性、可理解性,将大道理讲成小故事,进行潜移默化的影响,不能过于理论性或抽象地灌输。同时,结合小学阶段内不同年龄层次学生的理解认知能力、识字水平、知识储备的快速发展变化,应区分低年级与中高年级,并做不同教育要求。

在小学低年级,应以制度感知为主要内容,以培育学生对中国特色社会主义制度的亲切感为重点,开始启蒙教育,培养学生对崇尚中国特色社会主义制度的情感。包括要求学生在家庭、学校和社会中,遵守日常行为规范、遵守法律、树立规则意识。通过讲故事、看图片和影视作品、唱歌曲、参加升旗仪式等形式,让学生初步认识中国共产党、国旗、国徽、国歌、党徽等,并对祖国和党有一定认识。老师向学生描绘中国特色社会主义制度的强大力量时,可以介绍一些制度背后的典型故事和代表性人物,让学生初步感受中国特色社会主义制度的独特魅力,培养其对中国特色社会主义制度的亲切感和感受力,培育制度自信的萌芽。同时,老师还要引导学生主动感受制度内涵,热爱党,团结同学;鼓励学生观察学校和社区的民主选举活动,初步形成对中国特色社会主义制度的具象化感知。

在小学中高年级,应以制度认知为主要内容开展制度自信教育,使学生对中国特色社会主义制度的概念有系统性的认识,初步形成热爱制度、尊崇制度的态度。通过阅读、参观、艺术作品欣赏等形式,让学生初步了解中国特色社会主义制度之下经济快速发展和社会长期稳定“两个奇迹”;通过课堂学习知道中国特色社会主义制度的概念和基本内涵,知道党的领导是制度的最大优势;鼓励学生适当参与“中国之治”相关的调研、宣传活动,在实践中培养对制度的亲切感和感受力。

二、初中阶段:树立敬畏制度的态度

初中生处在人生观的萌芽阶段,生理与心理各方面迅速成长,逐步由不成熟向成熟过渡,能够主动地观察事物且观察的持久性提高,能够找出事物间的联系,而不再是孤立地、单个地只看到现象或局部特征,抽象识记能力日益发展,抽象思维开始占优势,自尊心、好奇心、成人感增强,自我概念与自我评价显著提高,在道德品质方面想要满足社会的希望、舆论。在小学阶段教育的基础上,结合初中生的心理和生理情况,本阶段教育的目标不再局限于制度感知,应以增强学生中国特色社会主义制度的理解力为重点,搞清楚、弄明白中国特色社会主义制度的主要内容、来龙去脉以及内在逻辑,提高学生对中国特色社会主义制度的系统性认识,深化对制度的热爱,树立敬畏制度的态度。

应发挥第一课堂、第二课堂和第三课堂的协同作用,指导学生了解中国特色社会主义制度 13 个方面的显著优势,加深对中国特色社会主义制度系统性和优越性的理解,建立一个关于中国特色社会主义制度的总体印象,教导学生学习党的建立、国体与政体的确立、改革开放政策实施等内容,知道各项制度建立的基本国情,了解制度的形成背景,进一步理解中华民族从站起来、富起来到强起来背后的制度支撑。通过多种实践活动,如"普法宣传""走进人大"、主题小视频比赛、课题调研等活动,引导学生去体悟感受、研究阐释,变单项灌输为双向互动,让学生在课堂学习的基础上体认与感受法治精神、人民当家作主及各项制度在生活中的实际应用,形成尊法、学法、守法、护法、用法的思想自觉和行动自觉,树立敬畏制度的态度。

三、普通高中阶段:提高对制度的理性认识

高中生的社会化水平明显提高,观察能力具有一定的深刻性与概括性,抽象逻辑思维能力发展到较高水平,批判性和独立性增强,创造力和再造想象能力大为提高,能够自觉主动地进行自我监督、自我批评和自我教育,在遇到挫折时往往能冷静地做出思考和判断,具有约束自己的言行,并渴求得到集体和他人肯定与认可的需求,能够将个人前途与国家命运、社会发展联系起来,主动关心国内外大事,对党有了比较深刻的认识。但同时,这一阶段的青少年自我意识、主体

意识明显增强，思想困惑和现实需求更为多样，教育过程要更加注重理论与现实的结合、成绩和问题的结合、当前和未来的结合，课堂讲解要更加深刻、鲜活。基于这种心理和生理特点，在小学和初中教育基础上，本阶段应以提高学生对中国特色社会主义制度的理性认识为重点，引导学生深刻感悟中国特色社会主义制度的精神内涵，培养制度比较、辨别意识和能力，延展知识体系，加深理论学习。

应指导学生通过课堂学习和课外实践更加理解中国特色社会主义制度的科学社会主义原则及时代特色、中国特色，感悟制度蕴含的文化基因，既要充满自信又不能故步自封；帮助学生构建中国特色社会主义制度的系统性认识，使其理解根本制度、基本制度、重要制度及其他各方面具体制度之间的关系和运作逻辑，能够系统性理解制度与理论、道路、文化之间的关系，并进一步理解坚持和完善中国特色社会主义制度与党的领导、人民当家作主，以及依法治国之间的关系问题；引导学生形成制度认识比较视野，培育制度辨识能力，结合理论学习和时事分析，更加理解中国特色社会主义制优势转化为治理效能实绩的客观事实，坚定维护、捍卫制度的决心和信心。在具体教学中，要注重创新挖掘教学资源，整合社会热点，精准发力，把学生能够感知到的现实社会作为破解学生思想困惑、提升制度自信的利器。结合党在不同时期制度建设、依靠制度优势转化治理效能的生动案例，将理论阐释得“有声有色”，既有理论高度又有生活“温度”，既能深度阐释又能接“地气”，让青少年能够通过可感的资料，形成对党集中统一领导、集中力量办大事、以人民为中心等方面的认识。开拓教学形式，通过辩论赛、无领导小组讨论、自由发言等形式为学生思考、表达及对话搭建平台，引导学生“讨论出真知”。

四、普通高等学校阶段：强化制度主体意识和发展意识

经过小学和中学两个阶段的教育，学生已经基本具备了制度自信的认知基础和情感基础，建构起了一定程度的认同与信仰；大学阶段的目标在于延续前一阶段的教育成果，并将这种教育成果巩固和升华。青年大学生处在好学上进、有理想、有追求、意气风发的年纪，对未来的一切充满向往和希望，富有创造性，开始有选择地主动吸取自己认为有价值的内容，辩证思维能力增强，各种能力和技能得到发展，生活经验不断丰富，对社会的探索精神不断增强，自我意识逐步走

向成熟，渴望成功与自主独立，具有强烈的道德是非感、正义感、责任感，有追求真理和正义的积极性，社会成熟度提高，道德品质丰富、深刻、稳定。但同时，这一阶段青少年的价值观念并未完全成熟且易受影响。在大学多元开放的文化氛围内，大学生更需要通过具有反思性的、实践性的研究性学习，为坚定制度自信教育扎紧篱笆。因此，本阶段的制度自信教育应以增强学生对中国特色社会主义制度的自主学习和探究能力、学生的制度创新意识为重点，增强学生继承和发展中国特色社会主义制度的责任感和使命感，促进中国特色社会主义制度的发展完善，促使学生将制度自信教育“内化于心、外化于行”。

应深入挖掘中国特色社会主义制度的历史底蕴、文化根基，指导学生通过系统学习马克思主义基本原理、形势与政策、习近平新时代中国特色社会主义思想、党史、新中国史、改革开放史、社会主义发展史等内容，加深对制度思想来源、文化精髓、历史进程的理解，强化学生的制度主体意识和发展意识。详细解读中国特色社会主义制度的核心思想和中心价值，引导学生多开展关于中国特色社会主义制度相关问题的科学研究，在分析和调研中加深对制度的深入理解和反思，激发创新制度发展、推动制度成熟定型的主动性和信心。结合时代热点和教育目标举办多类型的实践活动，开展讲座报告会、特色党团活动、爱心志愿服务、国情考察参观，鼓励学生积极参加社会公益活动及“青年红色筑梦之旅”“三下乡”等社会实践活动，激发大学生主人翁意识，在社会大课堂中深刻理解党的领导、人民至上等制度的显著优势，增强以国家民族命运为己任的责任感，坚定对中国特色社会主义制度和中华民族伟大复兴的信心，并积极投身中国特色社会主义建设事业。

第六章　青少年制度自信教育的实现理路

习近平总书记高度重视青少年的制度自信教育。习近平总书记在中央政治局第十七次集体学习时指出，要“加强制度宣传教育，特别是要加强对青少年的制度教育”；在党的十九届四中全会第二次全体会议上，他又指出，“要把制度自信教育贯穿国民教育全过程，把制度自信的种子播撒进青少年心灵”。在“两个一百年”奋斗目标的历史交汇点上，党的十九届四中全会将主题聚焦在“坚持和完善中国特色社会主义制度、推进国家治理体系和治理能力现代化”这一重大问题之上，深刻阐明只有中国共产党才能领导中国人民站起来、富起来、强起来，只有社会主义才能救中国，只有中国特色社会主义道路才能引领中国走向繁荣富强。“天下将兴，其积必有源。”[①]加强新时代青少年制度自信教育，对于培养“五育并举”的时代新人以及中国特色社会主义事业的建设者和接班人，具有重大意义和深远影响。

青少年制度自信教育需要融入青少年教育全过程、全领域。首先，要因人制宜，尊重不同阶段、不同学龄的学生特点，关注他们的所思所想；其次，要抓住“价值观”这个“总开关”，告诉他们中国特色社会主义制度为什么“好”和为什么“行”，使学生从认识制度到了解制度，从拥护制度到弘扬制度；再次，要坚持分层分类，根据学龄前、小学、初中、高中、大学等不同学龄阶段，找准教育的落脚点以及与学生的交汇点，做到讲得清、贴得近、听得懂、学得会和做得到；最后，要创新方式方法，善于运用音乐、体育、美术等学生喜闻乐见的方式，搭建学生乐于参与的平台，开辟学生方便参与的渠道，积极推进教育理念、教育思维和教育方式创新。

---

① 〔宋〕苏轼.苏轼文集[M].北京：中华书局，1986：281.

第一节　发挥课堂主渠道作用

制度自信教育的出发点和落脚点在于“知、信、行”合一,“知”是基础,“信”是前提,“行”是目的。课堂是各项教育教学工作开展的主渠道。教学是各级学校工作的中心环节,是学生获取知识、提升思维、获得思想的主要渠道。要开展青少年制度自信教育,首先要相关内容、相关要求进课堂,根据大、中、小学不同学段,设计完善课程建设和教材编写,科学组织教学安排和课程落实,统筹考量各学段相关内容的融会贯通和有序衔接。由此,让学生在课堂教学过程中,既收获了知识,培养了技能,也能够接受对国家、民族和中国特色社会主义制度的熏陶,初步实现从直观的情感体验到理性的价值认同,做到制度自信教育“随风潜入夜,润物细无声”,通过融入课堂、教材,融入头脑。

一、彰显思政课程主阵地作用

习近平总书记在思想政治理论课教师座谈会上强调,思想政治教育课是落实立德树人根本任务的关键课程,其作用不可替代。“要理直气壮开好思政课,用新时代中国特色社会主义思想铸魂育人,引导学生增强中国特色社会主义道路自信、理论自信、制度自信、文化自信,厚植爱国主义情怀,把爱国情、强国志、报国行自觉融入坚持和发展中国特色社会主义事业、建设社会主义现代化强国、实现中华民族伟大复兴的奋斗之中。”①因此,开展制度自信教育必须坚守思想政治理论课主阵地,结合教育实际,推动制度自信教育融入思想政治理论课的创新发展。

(一)“三进”强化制度自信教育系统性

制度自信教育“进教材、进课堂、进头脑”,是强化制度自信系统性融入思想政治理论课程的有效途径。

首先,要让制度自信相关理论成果在思想政治理论课教材中得以充分体现。

① 习近平主持召开学校思想政治理论课教师座谈会强调:用新时代中国特色社会主义思想铸魂育人　贯彻党的教育方针落实立德树人根本任务[N].光明日报,2019-03-19.

要把制度自信教育内容作为思想政治理论课教材教辅的修订依据、教学设计的核心理念、教学实施的重要内容、教学效果的评价标准，在教材中充分反映出制度自信的生成机理、丰富内涵、具体内容和价值意蕴[①]，使教材既有理论高度又有现实温度。

其次，要注重把教材体系中的制度自信内容转化为教学体系中的制度自信内容。从优化教学方式入手，利用好课堂教学的主渠道，提升课堂的吸引力，通过思想政治理论课教学讲好中国制度的特点、讲清中国制度的本质、讲通中国制度的逻辑，将制度自信阐释得“有声有色”，让青少年学生充分认识中国特色社会主义制度本质特征和巨大优势，唤起青少年学生对制度自信的情感共鸣，进而形成理论自觉，增强制度自信。要深入推进课程标准的完善与实施，由教育主管部门牵头打造国家课程、地方课程等示范课。

再次，在将制度自信教育融入教材、贯穿课堂的基础上，把中国特色社会主义制度理论、制度优势与制度效能植入学生心灵，真正解决好“内化于心、外化于行”的问题，从而实现知识传授向价值塑造的转化，进而转化为其信仰。通过制度自信教育充分融入思想政治理论课，在青少年学生最长久的学业陪伴中，产生最持久的世界观、价值观、人生观的塑造，引导广大青少年学生坚定对马克思主义的信仰、对中国特色社会主义的信念以及对实现中华民族伟大复兴中国梦的信心，引导他们把个人理想同国家民族的前途命运紧密联系在一起。

最后，开展制度自信教育，也必然需要抓好思想政治理论课教师队伍这一关键主体，强化制度自信教育的“主引擎”。习近平总书记指出，“办好思想政治理论课关键在教师，关键在发挥教师的积极性、主动性、创造性”[②]，并对思想政治理论课教师提出了“六个要”的要求。思想政治理论课教师必须自己先把理论问题搞清楚，要不断完善知识结构，提高理论水平。同时，思想政治理论课教师必须有更强烈的制度自信和制度信仰，要真信、真懂、真做，才能在开展制度自信教育过程中、在思想政治理论课教学课堂上做到情真意切、发自肺腑、激情澎湃，真正为学生成长、成才指明方向。

---

① 任鹏.把制度自信教育融入高校思政课教学全过程[N].辽宁日报，2020－08－04.

② 习近平主持召开学校思想政治理论课教师座谈会强调：用新时代中国特色社会主义思想铸魂育人 贯彻党的教育方针落实立德树人根本任务[N].光明日报，2019－03－19.

（二）推动制度自信教育融入大中小学思政课一体化建设

制度自信教育应遵循思想政治教育规律，推动大中小学一体化课程体系建设。“九层之台，起于垒土”，青少年每个时期思想认识的养成都是在前一阶段所受教育基础上的进一步深化，因而“在大中小学循序渐进、螺旋上升地开设思想政治理论课非常必要，是培养一代又一代自觉融入社会主义建设者和接班人的重要保障”①。在思想政治理论课教师座谈会中，习近平总书记指出，“要把统筹推进大中小学思政课一体化建设作为一项重要工程”②。当前的大中小学思想政治理论课一体化教学改革中，循着相互衔接、循序渐进的总方向，提出从整体上规划思想政治课课程目标、调整创新课程体系、统筹推进课程内容建设、加强教材体系建设等要求③。因此，在制度自信教育的理论知识学习中，也应遵循大中小学循序渐进、螺旋上升的思想教育规律，可根据学生思维发展的规律，设定各个阶段制度自信教育的培养目标，将制度自信教育的内容纳入思想政治理论课大中小学一体化教学体系中，从而形成大中小学一体化的制度自信教育有机的思政课程体系。

学校开设的“品德与生活”“品德与社会”“思想品德”“思想政治”课程，是开展制度自信教育的第一阵地。围绕使学生感知、了解、认同、践行中国特色社会主义制度核心任务，加强大中小学思想品德、思想政治课课程设计和课堂教学。根据不同学段青少年的身心发展特点和学习认知能力，加强分类指导、因材施教，使制度自信教育的要求具有针对性、实效性。关注不同学段课程在形态、内容、教学方法等方面的区别与衔接。小学阶段，可以通过体验、讨论、调查、模拟、情景模拟等方式，灵活运用讲故事、欣赏影视作品、参观红色场馆等方式，重视提升学生的感觉认知能力和情感表达能力，熟悉周围的环境、了解我们的国家，并进行一定的社交能力和革命传统教育。初中阶段，可以将思想品德课程融合道德品质、心理健康、法律基础、国情教育等相关内容，塑造初中生的道德意识、法

---

① 习近平主持召开学校思想政治理论课教师座谈会强调：用新时代中国特色社会主义思想铸魂育人　贯彻党的教育方针落实立德树人根本任务[N].光明日报，2019－03－19.

② 习近平主持召开学校思想政治理论课教师座谈会强调：用新时代中国特色社会主义思想铸魂育人　贯彻党的教育方针落实立德树人根本任务[N].光明日报，2019－03－19.

③ 中办国办印发.关于深化新时代学校思想政治理论课改革创新的若干意见[N].人民日报.2019－08－15.

律意识、公民意识等，灵活运用多元教学方法，让初中生认识自己与他人、自己与社会、自己与国家的关系，学会在集体中成长，认知国情、尊重法律、维护秩序。高中阶段，以培养学生的政治认同、科学精神和公共参与为重点，以发展中国特色社会主义为主线，科学设计必修课程、选修课程，利用内容与活动互相嵌入的方式，利用典型案例剖析、新闻报道解读、近现代史回顾等，将历史唯物主义基本观点和方法传递给学生，让学生主动接受和拥护中国特色社会主义制度。大学阶段，可以把思想政治理论课教学中与制度自信教育直接相关的内容作为教学重点，强调在兼顾全面教育的基础上重点突出，同时要将尊重教学规律与大学生实际的认知需求相结合，关注时代发展热点，在整合社会热点中发掘教学资源，在深度讲解中增加学生的认同感，以此完成重点热点议题引领向制度自信理性提升的转化。

二、充分发挥其他学科的浸润作用

各科教学是对学生进行教育、引导最普遍的途径。要充分发掘各学科中蕴含的育人要素，充分发挥其他学科在新时代青少年制度自信教育过程中的浸润作用。

（一）将制度自信教育融入课程思政建设

要进一步推进课程思政建设，将制度自信教育融入课程思政体系，从而充分发挥各学科课程思政效能。所谓课程思政，就是“坚持把立德树人作为教育教学的根本任务，将培育和践行社会主义核心价值观贯穿于课程建设、课程实施和课程资源开发等各个环节和各个方面，充分发挥课程教学的德育价值和德育作用，实现全员育人、全程育人、全方位育人”①。开展新时代青少年制度自信教育，要更加深刻认识到课程思政建设的重要性。要把坚定新时代青少年制度自信作为课程思政建设的重要目标之一，将制度自信教育内容作为课程思政建设的重要教育内容，将制度自信教育的成效纳入课程思政建设评价指标中去。要注重把制度自信教育渗透到基础课、专业课、通识课等课堂教学中去，在课堂教学中合理地嵌入制度自信相关元素和教育内容。将制度自信教育充分融入课程思政建

① 翁铁慧.大中小学课程思政一体化建设：整体架构与实施路径研究[M].北京：人民出版社，2020：16.

设过程中去，这不仅需要思政课教师担负起制度自信教育的重任，所有教育者都应该承担起制度自信教育的责任，树立全员、全程、全课程育人格局。

（二）将制度自信教育融入各学科建设

要将制度自信教育中涉及政治、经济、社会、历史、法律、文学、体育、艺术等各个学科的内容拆解分配到各个学科，在统筹规划的基础上，实现教育内容融入各学科教育大纲、课程目标和教学方案中去，打造横向协同的教育“同心圆”。在中小学阶段，通过朗读、背诵、歌唱、舞蹈、绘画、欣赏等方式，将制度自信教育的重点内容贯穿语文、数学、英语、音乐、体育、美术等课程。教师在向学生传授知识的教学中，将能力培养、情感认同、价值改造自然贯穿在教育教学全过程。在大学阶段，深入挖掘和提炼各类课程所蕴含的思政要素和德育功能，将思想政治教育融入课堂教学，真正实现各门专业课与思想政治理论课同向同行，形成协同效应，引导学生自主学习贯彻习近平新时代中国特色社会主义思想，坚定理想信念，做时代新人。更重要的是，要促进思想理论课程、思想政治课程与其他各学科的互融互通，打造同频共振的教育闭环。要提升全体教师的德育意识和德育能力，形成正确的课程思政意识和资源运用能力，倡导在学科教学中适当运用课程思政资源，提升学科教学的育人价值。[①] 专业教师既要懂专业，也要懂思政，将爱国主义教育、民族观教育、法治观教育、社会主义核心价值观教育与制度自信教育科学衔接，以点带面，从线到片，逐步织就制度自信教育网络。

三、以重点热点为载体提升制度自信教育的针对性

把打赢新冠肺炎疫情阻击战、打赢脱贫攻坚战等中国共产党带领全国人民取得的重大成就作为制度自信教育的生动教材，实现热点问题和青少年思想状况的对接，加强对现实社会的关照，通过平等交流、理性探讨的方式，精准破解青少年的思想困惑和解答回应青少年的现实需求，引领“聚焦重点、贴近热点”的议题向理性提升。在新时代，青少年学生不仅是中国特色社会主义制度的直接受益者，也是改革开放成果的享受者。但是他们对新中国的成立，对中国特色社会

① 翁铁慧.大中小学课程思政一体化建设：整体架构与实施路径研究[M].北京：人民出版社，2020：4.

主义道路的来之不易缺乏切身感受和体会，因而对中国特色社会主义制度缺少基本的认识和理解。因此，更要勇于亮剑发声，不断坚定青少年理想信念，要通过精心设计、巧妙运用载体，助力青少年更好地去领悟使命，真正认识和把握住习近平总书记所讲的“青年是祖国的未来、民族的希望，也是我们党的未来和希望”①。只有有效引导新时代青少年深入了解、认识中国特色社会主义制度的科学性、先进性、优越性，才能让他们明白中国特色社会主义为什么“好”。讲好重点热点里的“中国故事”，用能够吸引新时代青少年的活动作为重要载体，用青少年能理解、可触摸、易感知的人、事、物作为重要素材，推动思想引领工作更加贴近青少年的现实生活，从而让他们能够更深刻地去学习、去认识、去实践担当与使命。

（一）善用战“疫”素材，增强感性认知

如果说《习近平谈治国理政》第三卷是坚定制度自信最新教材的话，那么战“疫”故事是一定能成为制度自信教育最新的“活教材”。中宣部理论局组织编写的《中国制度面对面》一书指出“疫情是制度优劣的‘透视镜’”，将新冠肺炎疫情防控作为最首要的实例对“中国制度好在哪儿”进行充分印证，并在“老外看中国”模块引用外国政要对中国抗击疫情成效的高度评价，在“现场直播”模块讲述“火神山”“雷神山”两家医院建成，以国内外双视野展现中国制度的“硬核”优势。实际上，这场伟大战“疫”里的每一个人、事、物，都将成为制度自信教育教科书中最鲜活的素材：从“共和国勋章”获得者钟南山院士到“抗疫网红”张文宏医生，从“最美逆行者”抗疫一线医护人员到筑起社区“防火墙”的社区工作者；从“停课不停学”时准点授课的“主播”教师们到每日健康打卡的“宅家小能手”学生们；从查琼文医生的抗疫日记《我在武汉抗疫的67个日夜》到一张张“请战书”、一件件防护服、一个个物资箱；从首部战“疫”题材的“时代报告剧”《在一起》到微信里“戴”着口罩、“喊”着防疫口号的系列表情包……战“疫”故事中所凝结出来的战“疫”精神更是这本制度自信教育“活教材”源源不断的生命力。用好这本“活教材”，挖掘其背后的深刻内涵和制度力量，把理论知识点明、讲透，有助于将抽象的制度自信教育内容更加具象化，让高深的制度理论知识回归生活化，让制度自信教

① 庆祝中国共产党成立95周年大会在京隆重举行[N].光明日报，2016-07-02.

育能更富有时代性和感召力，从而有助于青少年进一步加深对于制度自信的情感认同。

（二）融合“四史”学习教育，夯实理论根基

党的十九届四中全会深刻阐释了中国特色社会主义制度优越性，并从历史逻辑、理论逻辑和实践逻辑三个维度阐明了坚持制度自信的内在逻辑。其中，历史逻辑是开展制度自信教育的起点。中国特色社会主义制度承载着中华民族深厚的历史底蕴，我们要引导青少年从历史对比、历史变革，以及历史性成就中去体会中国特色社会主义制度的实践伟力和显著优势，去领略中国特色社会主义制度对我国制度文明的守正与创新，以及中国特色社会主义制度所体现的理论与实践的高度相统一，从而更深刻地认识到中国特色社会主义制度是历史和人民的必然选择。今天的一切终将载入史册，刻骨铭心的战“疫”记忆、众志成城的战“疫”故事、党和人民共同努力取得的战“疫”成果，必将成为中国特色社会主义发展史中难以磨灭的一段。因此，要深入开展好党史、新中国史、改革开放史、社会主义发展史（简称“四史”）学习教育，用历史说话。学“四史”不是单纯地学“历史”，要充分运用好历史文化资源和历史比较法，讲清楚、讲明白制度自信的历史依据，帮助青少年更好地理解和认识马克思主义中国化的内在道理，进而加深青少年对于制度自信的理论认同。更要让历史服务思想引领、服务现实需要，将青少年置于历史纵深中，引导他们树立正确的历史观、大局观，明确历史使命和时代责任，将“小我”融入“大我”，从而让制度自信教育从情感认同、理论认同上升为价值认同。

第二节　强调实践育人效果

制度自信教育的生命力在于实践。开展中国特色社会主义制度自信教育需要理论与实践相统一，从学生实际情况出发，注重课堂与社会实践的联系，引导学生参与丰富多彩的活动，在认知、体验与践行中促进他们形成正确的思想观念，通过实践体验国家的强大，感受美好生活来之不易，进而自发拥护中国特色社会主义制度，做到内化于心、外化于行。实践不仅是一种教学方式，还是一种

育人理念。在制度自信教育过程中，要让实践成为与课堂同等重要的学习方式，让学生在实践中得到思想升华。

一、丰富第二课堂

以丰富的第二课堂为载体提升制度自信教育融入的亲和力，引导青少年在实践体验中去体悟抒发、研究阐释，引发青少年对中国特色社会主义制度的情感共鸣，进而形成行动自觉。

作为第一课堂即日常课堂教学的重要补充，第二课堂活动种类繁多，通常包括思想教育类、文艺体育类、科学技术类、公益服务类、创新创业类和网络信息类等活动。将制度自信教育贯穿第二课堂，就要根据参与不同活动类型的学生旨趣，结合国内外政治、经济、社会发展不断变换的热点、难点、疑点，把制度自信的宣传教育潜移默化融入丰富的活动形式中去，寓教于活动，增进青少年对中国特色社会主义制度的认知，加深认同感。

（一）用好各类教育活动

在党团日活动、主题班会、主题教育等思想政治教育活动中，积极融入马克思主义中国化相关理论与案例，积极融入制度自信教育内容。结合不同时段、学段多样化的主题教育活动，通过顶层设计、体系设计，实现制度自信教育目标的融入，做到主题聚焦、主线鲜明，将制度自信教育贯穿入学教育到毕业教育的学生培养的全过程。

（二）用好各类节日资源

用好节日教育资源，积极组织青少年参与传统节日、五四青年节、国庆节等活动，有针对性地开展制度自信相关主题教育，活化节日育人。加强仪式教育，可以精心组织重要节日的升旗仪式、重温入团誓词、重温入党誓词等仪式感很强的活动，在仪式中弘扬新时代爱国主义精神、融入制度自信教育，让青少年与祖国同呼吸、共命运。

（三）用好校园文化资源

加强校园文明文化建设，挖掘校史中的制度自信教育基因，在赓续学校优良传统和整合优势资源的过程中，将校史教育与党史、新中国史、改革开放史、社会主义发展史有机结合，将校史教育与制度自信教育充分融合起来。打造校园的主题教育地图、地标，加强校园内部档案馆、校史馆建设，将革命传统剧目、地方特色剧目与校园文化剧目有机结合，挖掘其中的制度自信教育元素，在丰富校园文化活动过程中潜移默化地开展制度自信教育。可以围绕制度自信主题进行有目的、有特色、有侧重的统筹策划安排，举办知识竞赛、征文大赛、主题演讲、文化艺术展演等形式多样的系列活动，通过“以赛促学”“艺术＋”等创新形式开展制度自信教育。

二、拓展社会实践“大课堂”

理论知识层面的制度自信教育，只停留于人的思想记忆中。只有将其运用于实践，才能转化为实实在在的行动，成为活的理论。反过来，实践是检验理论正确与否的试金石。因而制度自信教育必须将理论知识与实践训练相结合。为此，要积极发挥社会教育作用，充分挖掘社会教育资源，加强学校与政府部门、国企、军队、社会机构的沟通联系，主动“走出去”“请进来”，推动校企合作共建，拓展制度自信教育的校外资源和平台，打造沉浸式社会大课堂，积极组织学生参与社会实习实践。引导学生在与他人的合作中体会规则、制度、法律在协调人与人、人与社会关系中的重要意义。在这个过程中，可以使学生感受到理论学习与实践活动之间的差距，并将自身的理论知识转化为观察与解决问题的方法与能力，架起理论与实践之间的桥梁。从而锻炼学生遵守制度、规矩及纪律，从实际行动上落实纪律性，达成知与行的统一，养成自觉遵守纪律、严格执行制度的行为习惯。

（一）组织开展社会实践

精心组织开展社会实践调研。通过开展常态化形势政策宣讲、文化宣传、支农支教、科技创新、实地调研等形式，实现学生在社会实践活动中“进社会、知国情、受教育、长才干、作贡献”的宗旨。注重社会实践主题设计和方案策划，组织开展诸如全国大学生“三下乡”行动、“青春助力脱贫攻坚”“不忘历史、不忘初心，知史爱党、知史爱国”等旗帜鲜明的实践与调研活动。打造“行走的课堂”，深入挖掘红色教育资源，利用好当地历史博物馆、红色纪念馆、遗址遗迹等资源，开展

"重走长征路""追寻改革开放的足迹"等主题活动，引导学生从中汲取奋进力量，让红色基因、革命薪火代代相传。积极探索将社会实践成效与学校培养质量评估、学生综合素质评价挂钩，打造贯穿大中小学的社会实践大课堂和评估体系。

（二）组织开展志愿服务

以志愿服务为重要延展。党的十九大报告提出，"推进诚信建设和志愿服务制度化，强化社会责任意识、规则意识、奉献意识"①。志愿者服务也是一个制度化的过程，"三个需要"强化的意识也正是制度意识的应有之义。志愿者为他人服务的过程中，也可以感受到服务对象对于制度的不同认知所带来的影响。如果服务对象能够自觉尊崇、执行、维护制度，那么志愿者的服务工作就能够顺利进行；如果服务对象不遵守制度，志愿者的工作就会难以推行，且需要花费更大的精力去引导服务对象遵守制度。在这种换位的活动中，志愿者能够切身感受到制度意识在维持社会秩序及国家管理中的价值所在，从而能够养成自觉执行与维护制度的行为。因此，要积极引导学生参加力所能及的社区服务、公共秩序维护、志愿者服务等活动，在为他人服务中体会换位思考、尊重与维护制度的社会价值。

（三）组织开展朋辈教育

用好朋辈教育资源，突出自我教育、自我成长。"用事实说话"是青少年学生认同与自觉践行新时代中国特色社会主义制度的有效手段。立足学生同辈间的天然亲近感，充分发挥党团组织、学生骨干等朋辈力量，引导青少年学生互助式开展制度自信教育，提升自我教育成效。组建制度自信教育学生宣讲团队，并强化指导和培育，组建专家团队指导学生宣讲团更好地学习、理解、讲述"中国之治"的最新成就、典型案例、显著优势、制度"密码"等理论知识，引导学生挖掘身边的中国制度故事。让青少年学生担纲"中国之治"的主讲人，面向同辈人来说真事、讲真情，通过切身体验来传递责任和担当意识，发挥朋辈教育作用，让更多学生成为制度自信教育的践行者。

---

① 中国共产党第十九次全国代表大会文件汇编[G].北京：人民出版社，2017：35.

第三节　重视网络育人影响

制度自信教育不可忽视网络,网络新媒体技术也是开展制度自信教育必不可少的教育之“术”。与其他渠道、手段不同的是,学生对于网络新媒体的掌握和运用比教师群体更加娴熟。其在他们的学习教育、娱乐生活中发挥的影响力越来越大,为此需要更加重视网络育人的作用。

一、善用网络新媒体

当今,网络阵地已成为思想政治教育的重要阵地之一。特别是随着新冠肺炎疫情防控常态化,网络新媒体更成为思想政治教育主战场。因此,制度自信教育也必然要坚守住网络新媒体这一主战场,积极探索制度自信教育“云课堂”。

(一)提升开展制度自信教育的网络技能

当前,便捷、及时的网络成了信息交互的主要渠道,也推动了网络新媒体技术的进一步发展。战“疫”时期的停课不停学,线上教学、云端会议等方式以更加深入的方式走进了大学校园,“哔哩哔哩”“抖音”“腾讯会议”等直播平台或移动客户端成了师生共用、喜闻乐见的教育教学“场所”。即便在复工、复学之后,网络教学模式也已深深影响到师生日常教育教学的习惯,成为传统课堂教学强有力的补充。因此,面对层出不穷的网络新媒体、新技术,面对青少年对网络新事物极强的接纳度和适应力,教育工作者也需要不断革新教育理念,提升新媒体技能和网络素养,以更好地开展线上制度自信教育。要充分利用好网络新媒体即时、同频的特性,把握好网络话语权和制度自信教育宣传主动权,结合传统思政教育模式,探索云端思政课堂,实现制度自信教育的线上线下浸润式教育。面对国际新冠肺炎疫情防控应对等大学生广泛关注的社会事件、热点话题以及容易对学生造成思想困惑的时事,要提升政治敏锐度和分析能力,巧妙融入制度自信教育,进行“精准发声”。要提高教育工作者的网络技能,熟悉掌握网文写作、推文制作等能力,善用网络语言、图片、视频、表情包、VR 技术等多样的形式,来拓展教育触角。

（二）打造开展制度自信教育的网络平台

要着力打造以学生为主题的网络教育平台，加大“学习强国”“易班”等现有平台的普及力度，更好地发挥它们在制度自信教育过程中的引领示范作用。利用短视频平台、“二次元”平台等新媒体，打造一批有影响力的品牌节目、品牌活动、品牌团队，培育发展成为开展制度自信教育的平台典范。推动传统文化、革命文化等中华优秀文化线上线下齐头并进，善于挖掘制度自信教育素材，创作青少年喜闻乐见、积极健康、易于传播的优秀网络文化作品，将已有的优秀线下精品打造成“网红”，推动线上线下全氛围宣传教育。

二、强化网络法治教育

在全面推动媒体融合，构建线上、线下“同心圆”，让传统媒体与新兴媒体融为一体的进程中，更需要提高“用网治网”水平，不断加强青少年学生网络法治教育。习近平总书记明确指出，“做好网上舆论工作是一项长期任务，要创新改进网上宣传，运用网络传播规律，弘扬主旋律，激发正能量，大力培育和践行社会主义核心价值观，把握好网上舆论引导的时、度、效，使网络空间清朗起来”[①]。2019年10月，中共中央、国务院印发的《新时代公民道德建设实施纲要》将网络空间道德建设作为一项重要任务提出来，并指出要严格依法管网治网，维护网络道德秩序。[②] 要不断加强网络法治建设，增强网络治理能力，加强对新媒体的监控、管理。推进法治校园建设，构建法治化的网络文化，规范网络信息发布、传播秩序，从而为开展制度自信教育营造更好的网络环境。

（一）加强青少年网络安全教育

增强制度自信，要落脚到对保证国家长治久安显著优势的自信。国家安全是国家存在和发展的基本前提，维护国家安全则是全国各族人民根本利益所在。其中，网络安全在国家安全中占据着重要地位。习近平总书记做出“没有网络安全就没有国家安全，没有信息化就没有现代化”[③]的重要论断，深刻阐述了网络

① 习近平谈治国理政（第1卷）[M].北京：外文出版社，2018：198.

② 新时代公民道德建设实施纲要[N].人民日报，2019-10-28.

③ 习近平主持召开中央网络安全和信息化领导小组第一次会议强调：总体布局统筹各方创新发展努力把我国建设成为网络强国[N].光明日报，2014-02-28.

安全信息化发展的辩证关系，更凸显出了网络安全教育的重要性。加强青少年网络安全教育是开展制度自信教育的重要保障。一方面，要贯彻落实教育部实施的《关于加强大中小学国家安全教育的实施意见》，广泛宣讲、大力普及网络安全知识，呼吁学生自觉遵守《网络安全法》等国家相关法律法规，倡导学生当好国家网络信息安全的守护者。另一方面，要加强对青少年维护网络安全意识的引导和思考，从网络安全看国家安全，从总体国家安全观思考中国制度的优越性，促使网络安全教育成为增强制度自信的重要环节。

（二）培育青少年网络法治思维

应当加强青少年网络道德教育和网络法治意识培育，要突出对理性网络言行的引导和培育。利用官方、主流新媒体平台对法治知识进行宣传和讲解，通过正反面案例的对比来弘扬社会主流价值观念，以更好地融合制度自信教育。要有效结合网络新媒体、新技术和新潮流，不断以更新法治教育话语，尝试在文本话语中融入生动的、视觉化的网络话语来提升教育的生动性和可接受性，积极培育青少年网络法治思维。应当加强青少年的批判性思维和建设性思维的培养培育，不断提高他们的判断能力、推理能力和选择能力，使他们能够自觉抵制各种不良思潮和诱惑，用逐渐成熟的眼光去看待网络社会中的各种现象，严守道德底线、不逾法律红线，坚持正确政治方向、舆论导向和价值取向，高扬主旋律，传播正能量。

（三）提升网络治理能力

网络虚拟空间为青少年提供了一个自由表达诉求、抒发情感意见的空间。但在各种诱因之下，一些非理性网络言论容易演变成网络舆情，会严重扭曲正常的网络社交秩序，严重破坏网络法治文化生态。因此，不断提升“法治化”话语介入和议题设置能力。“要及时进行‘法治化’话语介入，掌握网络话语权，驱散非理性表达和不良价值观念的聚集。”①同时，针对焦点事件和社会问题可以主动设置议题，运用法治精神来引领公共议题讨论，逐步培育青少年学生在网络交往中的法治思维和习惯，用法治化网络文化来涵养网络空间的道德秩序。

---

① 崔聪.论网络空间道德秩序构建的法治保障[J].思想理论教育.2021(1).

第四节　营造文化育人氛围

学校文化建设的核心是人，要培养社会主义事业的建设者和接班人，能否将中国特色社会主义制度教育融入校园文化建设很关键。这体现在校园环境的规划、校园活动的开展、校园制度的完善等多方面。

一、加强校园文化建设

（一）优化校园环境规划

校园环境对于教育产生着潜移默化的影响，校园里的一花一草、楼宇建筑、道路雕塑的和谐统一，既能够体现学校的文化层次，也有助于实现教育的目的。既要打造校园建筑总体风格的统一，也要注重建筑名称、路名路标等方面的协调；既要体现学校印记，也要体现社会主义办学方向。充分发挥学校公告栏、校园广播、学校网站、微博、微信公众号等的作用，多种渠道共同发力，生动宣传党和国家最新动态、社会主义建设取得的最新成就、国家社会治理的最新思路等，形成教育就在身边的良好氛围。打造"书香校园"，开展读书活动月等丰富多彩的活动，培养爱读书、读好书的良好习惯。挖掘校史文化资源，弘扬老一辈先烈和学校开创者的无私奉献精神，展现学校与新中国共同成长的时代风貌。注重祖国传统优秀文化和地方优秀文化进校园，打造区域文化、校园文化同向同行的新格局。

（二）融入校园文化生活

建设中华优秀传统文化传承基地，发挥学校文化传承创新和文化育人作用，通过书法、绘画、篆刻等文化普及，落实立德树人根本任务，以美育人、以文化人。利用好国庆节、春节、烈士纪念日等重大纪念日、传统节日以及校庆等富有意义的日子，开展形式新颖的主题教育活动，引导学生在意识上进一步认知、在情感上进一步认同、在行动上进一步自觉地与中国特色社会主义制度亲密接触。引导学生记住并重视自己的"政治生日"，注重入党日、入团日、入队日的仪式感，将自己与党、国家、民族的命运自觉地联系在一起。重视学生社团的建设发展，加强规范管理和正向引导，指导学生以积极健康的方式开展形式多样、多姿多彩的文化活动。

二、完善校园制度文化

高度重视校园制度环境建设，完善校园制度文化，既是青少年制度自信教育的重要内容，又是开展制度自信教育的有效途径。

所谓校园制度环境，一般指的是用于调控校园教学、生活及利益关系的规范体系，是一种渗透式的隐性教育文化氛围。制度环境在社会环境因素中居于主导地位，决定着社会其他制度的安排。[①] 校园制度环境在整个校园文化环境中同样居于主导地位，主要职能是规范校园中各主体的行为。应将校园制度文化建设作为着力点，积极探索并开发校园制度环境中蕴含的制度自信教育相关资源，使之成为青少年制度自信教育新的有效途径。

（一）学校制度的制定要贯彻“以人民为中心”的价值理念

制度是具体的硬性规定，但人文关怀是渗透式的软性融入。有效的制度规范能够在较大程度上对制度意识的养成起到引导作用。学校制度的制定要符合学校绝大多数师生的利益诉求，即坚持民主精神。在学校在制定相关规章制度的时候，要基于学校实际情况，广泛征询师生意见。制定的规章制度也要充分保障绝大多数师生的权益，并有利于广大师生和学校整体发展。同时，要大力普及和宣传相关规章制度，让师生熟知并培养制度意识。学校通过制定切实可行、权威科学的制度来维护师生利益，促进师生发展。这不仅有利于促进学校整体发展，还能让学生体会到学校制度对学生利益的维护、对个人与集体利益的协调与平衡，能够使其在潜移默化中对制度价值产生认同感。

（二）学校制度的执行应保持严肃的态度

社会环境中市场利益的影响越是渗入校园环境，校园制度环境建设就越有必要。中国传统的人情社会中，人治对整个社会产生了较深远的影响，至今仍然广泛存在。人们一般认为“制度是人定的”“事在人为”，于是对制度设立的权威

① 李辉.现代思想政治教育环境研究[M].广州：广东人民出版社，2005：233.

性不置可否，从而导致对制度的漠视。然而，“没有规矩，不成方圆”。学校在执行制度的过程中，相关部门要分工明确，各司其职，并定期督导、检查各项制度的落实情况，确保各项制度严格执行，落实到位。因为只有以客观、公正，公平、合理的态度执行制度，才能营造出一种积极的制度环境，使学生对秩序问题有客观的认识，从而产生执行制度的行为，促进学生制度意识的养成。

（三）学校制度的调整应与时俱进

制度具有相对稳定性，同时也处于一个不断发展完善的动态过程之中。随着国家治理体系与治理能力的现代化发展，要根据实际情况的变化，及时调整和完善校园制度，从而以更加稳健的姿态适应宏观制度环境的变化。在调整和完善学校制度的过程中，既要及时补漏查缺，保持制度的时效性，还要随着相关政策的变化，及时做出对新的制度的补充，进一步强化制度的效能。

（四）以严格的监管制度保证校园制度的落实

一套规范的制度体系必然要有维护其有序运行的监管机制，否则制度的制定及其执行之间就会出现断裂的现象，导致制度形同虚设，校园制度环境成为制度自信教育的消极环境，消解思想政治理论课对学生制度意识理论知识的教育成果。因此，学校需要建立一个上下互通的制度运行的反馈渠道，以制度管理为主的方式，做到约束有力、奖惩合理、监督到位，发挥校园制度环境的积极作用。

（五）增强制度文化建设的育人成效

加强校园制度文化建设，最终要形成学校工作人员与学生双向互动的局面。一方面，学校工作人员能够在校园制度环境建设中以身作则，以榜样的力量影响学生制度意识的养成；另一方面，学生在校园制度环境的影响下，约束自身行为，反过来推动学校工作人员更好地履行制度职责。这种相互作用中，校园制度文化建设不断加强，可更好地涵养学生对制度的自觉遵从、执行与维护意识。

坚持社会主义办学方向和以人为本的办学理念，以学生身心发展规律为根本，以依法治校为准则，科学制定实施学校规章制度，以正确的政策导向引导学生实现自我管理、自我约束和自我激励。首先，要建设现代学校制度，以学校章程为指导，完善内部治理结构。其次，要在总结学校发展“十三五”规划完成情况的基础上，研究制定学校发展“十四五”规划，建章立制，保证事事有机制、件件有保障；重视学校章程的指导作用，保证办学理念、办学方向不偏离正确方向，发挥好教学委员会、学术委员会等相关委员会的作用，重大事项的决策要听取师生意见；加强校规校纪教育和新时代教师行为准则、学生行为准则的教育、宣传，引导广大学生群体坚定理想、热爱祖国、努力学习、自强不息；建立健全奖惩机制，发挥考核评价的指挥棒作用。

第七章　青少年制度自信教育的系统构建

对青少年进行制度自信教育的构建是一项系统工程。首先，渲染制度自信教育氛围要抓住青少年这一重要环节，找准宣传焦点，认准宣传对象，精选教育载体，提升宣传保障，引导青少年对制度自信从认知到认可，再到认同，同时发挥党团组织在制度自信教育中物质保障“后勤员”、思想保障“教导员”的作用，做好顶层设计，渲染全社会制度自信教育氛围。其次，要健全经费制度支持发展，推进资源共享加强交流，凝聚教育合力保障发展，坚持从实际出发，摸清制度自信教育规律，推动制度自信教育融入国民教育，实现全员全过程教育。完善和发展制度自信师资建设是新时代制度自信教育面对青少年宣传的关键环节，建立专兼职结合、结构合理、业务能力强的师资队伍，是新时代将制度自信培养融入自信教育全过程工作的重要条件；加强制度自信教师荣誉体系建设也是系统建设的重要一环。再次，对青少年制度自信教育系统工程建设需要青少年自我教育意识的养成，学校、家庭与社会共建，营造制度自信“大环境”，再通过清晰描绘制度发展前景，引领网络主流价值观，厚植制度自信教育意识，引导鼓励青少年投身自信教育宣讲，将故事性与理论性相互融合，做到入情、入理，提升制度自信教育成效。

第一节　渲染制度自信教育氛围

青少年作为国家栋梁、民族希望，加强对其制度自信的培育尤为重要。必须抓好制度自信教育中针对青少年教育这一重要环节，大力渲染中国特色社会主义制度自信教育氛围，使青少年在制度自信教育中领会制度建设的伟大历程，体会到在中国共产党的领导下中国社会的伟大变革，自觉加入实现民族复兴的强国之路，自觉承担起新时代赋予的责任与使命，增强对中国特色社会主义制度认同并产生情感认同，进一步弘扬爱国主义教育，增强民族自豪感，永葆革命激情与发展活力，坚决防止和抵御各种诱惑，积极应对国内外的重大挑战，塑造全民族制度自信精神，将爱国情、强国志、报国行融入青少年建设中国特色社会主义、实现民族复兴的伟大事业之中。

一、找准制度自信宣传焦点，形成对制度自信的正确认知

新时代青少年要加强制度自信宣传教育，着力提升中国共产党成立以来尤其是新中国成立以来，中国特色社会主义制度建设史教育力度，教授中国共产党取得的功勋伟绩，是青少年制度自信教育的重要内容，将“爱国”“荣国”“报国”思想从制度认同到制度自信上改变，从心底里认可，到行动上“发声”，找准焦点，精准宣传，重点教育，带动全党、全社会共同推进制度自信教育，让青少年在细微处领会中国共产党在推进中华民族伟大复兴和中国特色社会主义伟大实践中展现的不断前行的奋进精神和雄浑伟力，使其自觉肩负起时代责任与担当。

营造渲染自信教育氛围，必须找准自信宣传焦点，引导青少年形成对中国特色社会主义体系全面、完整、理性认知。[①] 如从中国特色社会主义制度和国家治理体系的显著优势入手，结合中国共产党成立、新中国成立以及改革开放以来，在党的领导下，全国各族人民的参与下，我国实现了巨大的发展与成就。以此为据，把中国特色社会主义制度自信厚植于青少年内心深处，激发广大青少年的实干热情，投身于中华民族伟大复兴的宏伟目标中，端正制度认知，营造全社会制度自信教育氛围，自觉投身建设生成制度自信意识，主动学习制度，增强制度自信能力，找准制度自信宣传焦点，进而形成自信教育、爱国教育的合力。

二、认准制度自信宣传对象，因人施策，渲染自信教育氛围

认准制度自信宣传对象，就要对新时代青少年群体的时代特点进行精准把握，针对其价值观念、兴趣爱好和认知水平的不同，因人施策，渲染自信教育。对青少年群体的舆论导向要坚持以党团为主导，以社会主义核心价值观为主要内

① 赵雷.制度自信的心理基础与共青团开展青年制度自信教育[J].中国青年社会科学，2020(4).

容，提高对制度优势教育的针对性。

（一）加强宣传内容建设，引导青少年树立政治意识

新时代青少年自信宣传要加强互联网平台内容建设和审核工作，将网上舆论引导到主流价值观上来，让爱国主义、制度自信和社会正能量与网络传播有机结合，活泼生动地开展宣传，以青少年喜闻乐见的形式，比如微电影、短视频、微信推文等，通过社交媒体传播平台将制度自信教育融入爱国教育之中。以广受青少年喜爱的电视剧《山海情》为例，唱响中国特色社会主义的制度优势，以几代人与贫困作斗争，展现中国共产党领导的脱贫攻坚战的宏大篇章。通过精美的制作，讲品位、讲格调，启发青少年对党和国家政策的支持和拥护，有利于针对新时代青少年特点渲染制度自信教育氛围。

（二）提升自信教育水平，引领新时代青少年

认准制度自信宣传对象，根据新时代青少年特征有的放矢开展制度自信教育。首先从成长历程看，新时代青少年成长在我国建设小康社会、迈向社会主义现代化强国的阶段，发展性是他们考虑的主要因素，而非上代长辈对于生存的主要需求。其次从生活环境及科技水平来看，新时代青少年生活在移动互联网时代，网络技术大众化，使每个人都能方便自由地获取信息，表达观点感受。显然，新时代青少年对于制度建设的要求水平更高，对制度自信的教育要提高水准。一代代中华儿女奋力拼搏，其中优秀的中国共产党人接过了历史的接力棒，姿态昂扬，艰苦努力，以实现中华民族伟大复兴的中国梦为己任，改造中国、改变世界，实现了令世界为之瞩目的“中国奇迹”，[①]也引领着一代又一代青少年在梦想的道路上前行。

（三）从文化自信入手，营造自信教育建设氛围

针对新时代青少年的特点，可以从文化自信教育入手，打造精品文化内容，积极营造有利于自信教育建设的社会氛围，以传媒、艺术、体育活动等对青少年有着渗透和影响的内容为切入点，进而传播制度自信教育，宣传制度优势，弘扬爱国主义，倡导党的领导，激励青少年积极奋进，积极抵制不良内容，推进中国特

---

① 周建超.新时代中国特色社会主义制度自信之根基[J].学习与实践，2018(3).

色社会主义制度自信教育深入人心。以针对大学生的制度自信教育为例。新时代大学生的成长变化比较快，高校的制度自信培育方式要适应时代节奏，让大学生担当主要角色，让教育方式跟上教育对象快速成长的节奏，在学生获得全面发展的同时，因人施策，促进制度自信教育的氛围渲染。

三、精选制度自信宣传载体，提升对制度自信的情感认同

精选制度自信宣传载体，渲染新时代制度自信浓厚氛围，要让青少年在制度宣传学习中提升对中国特色社会主义制度的感知和感悟，对制度自信生成情感上的认同。

（一）发挥实践活动涵育功能，宣传自信教育

要以实践活动为载体，引导青少年在实践中感受中国特色社会主义制度的传统和优势，在亲身参与中领悟，发挥各种形式社会实践活动的涵育功能，润物无声、潜移默化式的宣传自信教育也更容易被青少年接受，感受到伟大祖国在科技、教育、扶贫、乡村振兴等方面取得的巨大成就，从而对制度和体系的优越性形成情感认同。

（二）建设实践平台，拓展自信教育

当下需要加强对制度自信教育社会实践平台的建设，将体现新中国成立以来取得伟大成就的各行各业典型代表加入到制度自信教育中来。高等学校以社会实践的形式鼓励学生参与到制度自信教育实践中。中小学校以道德思政课的形式进行制度自信教育，争取将思政课开拓到社会上，以实践教育基地为支点，由点到面，[①]开发对接校内外各类资源。还可以提供对话平台，让学生主动参与到与先进人物的访谈中，让他们在先进人物的事迹中领悟时代精神，增强时代认同，将制度自信实践教育书写在中华大地上，充分展现新时代青少年参与制度自信教育建设的精神风貌。

（三）引领网络平台主流价值观，厚植制度自信

制度自信教育不能忽视网络高地的占领。用好网络平台等新媒体传播，对

① 谢珍萍，邵雅利.思政课实践教学培育大学生制度自信探究[J].学校党建与思想教育，2021(8).

于引领青少年爱国主义主流价值观、认可中国特色社会主义制度有着不可替代的作用。要始终将正确的价值观融入舆论导向，对错误的思想言论要发现及时，批驳果断，引导主动。制度问题关系党的方向，关系国家建设、民族团结，要在广大青少年群体中厚植制度自信的意识，使其认识到最适合中国国情的民主政治制度就是中国特色社会主义民主政治制度。同时通过发挥重大活动的涵育功能，从“四史”中挖掘教育资源，组织系列主题活动弘扬爱国主旋律，激发爱国热情，凝聚奋进力量，自觉形成制度自信。

学校也要搭建以网络为基础的实践教学平台，组织学生开辟网络制度自信实践基地，宣传制度优势，对制度建设进言献策，增强对制度本身的系统性、科学性、可操作性的认识，①从而引导青少年加入向全党、全社会宣传中国特色社会主义制度的队伍中，了解其本质特质。借助高科技、新媒体大力宣传和普及制度的优势，旨在让青少年通过参与网络实践基地的建设积淀制度自信，引领网络主流价值观，厚植制度自信教育意识，成长为坚定的制度自信者。

第二节　加强制度自信教育保障支持

保障支持是引领制度自信培养融入国民教育全过程的重要条件。资源保障是开展国民教育的基础，是践行制度自信培养实践的物质保障。健全组织保障、经费保障、拓展渠道平台、推进资源共享、凝聚教育合力是坚持从实际出发，务实节俭开展教育的内在要求，为制度自信培养融入国民教育全过程提供了坚实的资源保障，促进了教育资源的最大化利用。

一、组织保障，党政齐抓共管

党的十八大以来，以习近平同志为核心的党中央将坚定中国特色社会主义“四个自信”作为治国理政的重要战略思想，团结带领全党全国各族人民奋勇前进，其中坚定制度自信又是中国特色社会主义进程中根本、关键的问题，同时是

① 李毅，李清华.制度自信的力量[J].求是，2013(2).

坚持中国特色社会主义制度并最终实现中国梦的根本制度保障。①

（一）加强制度自信教育的党委统一领导制度

党委领导是强化党的领导、保持正确政治方向、科学开展工作的根本保证，也是公平、公正处理问题的重要举措。在制度自信意识培养融入国民教育的全过程中，各级党委和政府承担主体责任，一方面能够保证一切重要问题必须经过党委研究决定才能实施，有效地避免工作失误，另一方面能够建立制度意识培养的顶层保障机制。加强制度自信教育的党委统一领导制度，首先就是要强化由执政党领导制度自信培养的政治保障。党政领导要将重要学习教育活动纳入党委议程，大力推动各类教育活动的开展，并确保各项工作开展井然有序、生动活泼、扎实有效。其次要设立党政共管、主管部门参加的制度自信培养工作机制，指导制度自信培养的具体施行，作为全社会制度意识培养开展的组织保障。如在主管宣传部门设立制度自信教育培养指导小组。再次要将国内相关法规和重要文献中关于制度自信教育培养的内容集中整理加以宣传，为大力推行制度自信教育培养提供有力政策依据和法规保障。通过以上措施，建立党委统一领导、党政齐抓共管的制度自信教育培养工作格局，为制度自信教育融入国民教育的全过程提供最坚实的组织保障。

（二）统筹协调做好制度自信教育的宣传工作

全党全社会在各级党委宣传部门的统一领导下，围绕渲染制度自信教育的共同目标，明确各主体职责，形成教育合力，将制度自信教育培养方案落地生根。在实践中，已经创造了许多有利于制度自信教育的制度，如设立教育基地制度，重大纪念日纪念活动等。主管部门应对各类活动进行整合管理，加强统筹协调，在新时代的背景下，要重视制度自信教育培养的不断创新，体现与时俱进的时代要求。各级宣传部门要加强活动的宣传策划，抓住制度自信教育的宣传点，加强新闻报道，推动制度自信教育工作纵深发展。围绕国家制度自信培养重点工作内容，指导各级宣传部门工作，收集具有新闻价值的信息并进行策划，利用鲜活的新闻素材增强制度自信培养。加强统筹各社区和有关部门制度自信培养工

---

① 常锐.坚定四个自信是实现中国梦的行动指南和坚实保障[J].学术交流，2018(6).

作，形成指导工作意见；必要时，多方人员一起进行会商，创作有分量的宣传作品。

（三）加强制度自信教育的党建理论研究

要大力加强对中国特色社会主义制度建设理论的研究，把党建理论研究融进制度自信教育的每一个环节。青少年对中国特色社会主义制度真正的认可要发自内心，深刻理解其本质内涵，并充分感受其优越性，进而坚定信念终身践行。理想信念不是凭空产生的，制度自信也不都是自发产生的，更不是始终保持不变的，要维持制度自信，既需要加强对中国特色社会主义制度的宣传，也需要加大对中国特色社会主义制度的党建理论研究与阐释。通过党建研究，有助于在制度自信教育中用中国特色社会主义制度“清晰的形象”增进对制度自信的理性认同，让广大青少年不仅明白中国特色社会主义制度“行”，还要弄清楚中国特色社会主义制度为什么“行”。为此，我们需要在做好顶层设计的基础之上，引导青少年深入学习和掌握中国特色社会主义制度自信的基本立场、观点和方法。同时，各级各类学校要鼓励支持从事制度自信教育的专业教师开展相关党建理论研究，为开展好制度自信教育提供坚实的理论基础。

二、支持发展，健全经费保障

为了让更多民众参与到制度自信教育中来，提高制度自信教育的进程和成效，在实践教育中增进青少年对制度的理解和认知，需要有充足的经费支持。一方面，各级各类学校和相关部门要遵照中央和各级地方政府的法律法规和政策要求，定期按照相关额度划拨专项经费。做到专款专用，制定经费使用制度和审计制度，确保有经费可用和依法使用，确保经费用到实处。另一方面，要开拓外来资金资源支持。除了公用资金以外，寻求社会各单位、各类公益机构、各类基金等的赞助支持，努力尽一切可能实现“人人参与、人人受益”的目标。此外，要加强经费管理。具体来讲，需要做到以下两点：一是完善经费管理制度。各级各类学校和相关部门要严格按照习近平总书记的讲话精神和国家最新出台的法律法规，根据本单位实际情况，从申报、预算、立项、支出、决算、审计等各方面建立和完善本单位的制度自信教育培养专项经费管理制度，做到有制度可遵循。二是提高制度的可操作性。在编制预算时充分考虑制度自信教育的活动形式、工作人员、活动特点等情况，编制操作性强、利用率高、成果转化好的预算构成，服务于制度自信培养活动的顺利开展，具备可操作性。

三、加强交流，推进资源共享

打造各级各类学校和政府职能部门及社会团体的交流合作渠道，推进资源共享。通过资源共享平台，将制度自信教育与社会各方面发展结合起来，让社会各界了解制度自信教育的社会价值，进而拓展共享平台，提升教育质量。

发挥政府调控作用推动社会资源共享。政府发挥宏观调控作用，推动校企合作，本着"优势互补、资源共享、协同育人、互惠多赢、共同发展"的原则，发挥资源最大功效。将知名企业打造成制度自信培养基地，将党课、团课开在制度自信培养基地，引导学生了解扎根中国大地的优秀企业文化，学习国家经济制度；将志愿服务站开在制度自信培养基地，创新学校辐射周边、服务社会的有效途径；构建校企人才共育、成果共享的平台，将制度自信培养扎根在基层组织中，让制度自信培养体现在育人过程中。

打造精品自信教育党团课程，通过引导分享学习。打造一批制度自信教育精品党课、团课，以宣讲的形式，从引导全党、全社会对中国特色社会主义制度自信的理性认同入手，落眼全局描绘制度特色。[①] 让青少年了解、认同并主动宣传中国特色社会主义制度的优势，自觉做中国特色社会主义制度的坚定维护者、推进国家治理体系和治理能力现代化的积极参与者。

鼓励青少年学生主动交流，推进经验共享。在开展制度自信教育时，要特别强调在平时的学生培养中植入制度自信教育。在育人中以爱国教育、党团活动为契机，使资源共享。在共享中深入学习中国特色社会主义制度，引导广大青少年做中国特色社会主义制度的忠实拥护者、紧密跟随者、积极学习者、主动参与者，推动制度自信教育在教育资源共享中形成宣传合力，扩大影响力，更加让各学习主体清晰认识到国家具有巨大的制度优势，中国特色社会主义制度是历史

---

① 李忠军，刘怡彤.制度自信的生成逻辑与宣传教育路径[J].思想理论教育，2020(4).

和人民的选择，也是我们坚定“四个自信”的基本依据。①

四、保障发展，凝聚教育合力

加强制度自信教育保障，需要将各项经验做法进行整合，全党全社会共同重视，共抓共管，凝聚制度自信宣传合力，进而形成中国特色社会主义制度的“大宣传工作格局”。②

加强经验总结，建立青少年舆论预防机制。凝聚制度自信教育合力，将制度自信的理论研究、宣传经验等进行整合，加强党委领导下的各条战线合作。制度自信教育不是一项孤立的工作，而且让群众接受的制度自信教育目前还未形成体系，宣传也未形成合力，因此在制度自信教育中，须明确思想，统一共同目标，始终以人民为中心，③通过多方合作，共同保障制度自信教育的连贯性、成体系。不仅要加强经费保障支持，还要加强对制度自信教育的管理力度，对错误的思想言论要敢于处理、及时处理、有效处理。对青少年学习所处的教育行业加大教育力度，建立有效的不当舆论预防机制，全力打造风清气正的中国特色社会主义制度自信教育体系，将全社会吸引到制度自信教育中来，壮大教育力量，丰富教育资源，把自信教育工作做得扎实、做得透彻，经得起历史检验。

推进教育联动，在自信教育中凝聚合力。知国情是开展制度自信培养的重要内容，通过搭建合作平台，丰富教学资源，让青少年学生了解社会故事，亲身感受祖国这些年的伟大进步，感受国家发展的有力脉搏，引导青少年投身国家制度软实力建设，坚定制度自信，领悟国家制度的优越性。④ 通过培养平台持续性发挥教育作用，让一个个中国故事有血有肉，化抽象为具体，牢固树立制度自信意识。确保师资队伍制度自信思想理论水平的与时俱进，加强教育工作者的理论学习，能够使其成为开发教育平台的中坚力量，从而自觉投入到教育平台拓展的工作中去，充分挖掘社会生活中的优秀教育资源。将贴近群众生活的点点滴滴

① 杨宗科.制度自信的历史逻辑[J].理论探索，2020(1).

② 周静，杨训访.对公民加强中国特色社会主义制度宣传的思考[J].现代交际，2021(6).

③ 曾建平，杨学龙.人民性：中国特色社会主义制度自信的内在依据[J].江西师范大学学报(哲学社会科学版)，2017，50(3).

④ 李家祥.制度自信的生成逻辑与国家制度软实力的提升[J].科学社会主义，2020(4).

作为制度自信培养的生动案例，更易使受教育者接受并在生活中践行。由于资源分布不均，各种资源需要协调开发，各阶层各领域要加强拓展渠道平台，充分利用基层文化站、教育基地、博物馆、纪念馆、展览馆等资源，为制度自信教育提供便利条件。要注重开发革命历史人物资源，让历史故事“走出来”“活起来”，激发民众的热情，通过了解历史，建立对中国特色社会主义制度的信仰。在工作上做好“资源联结，多方参与”，注重平台搭建，促进沟通交流。

第三节　完善师资队伍建设

为制度自信培养教育提供强有力的师资力量是保障制度自信培养成效的关键因素。教师队伍思想觉悟的高低、业务素质能力的优劣直接影响青少年制度自信教育质量和成果。受过专业培训，并能以新颖教学方法将制度意识培养融入生活、课程教学中的教师能够大力提升自信教育的进程及成效。因此，建立专兼职结合、结构合理、业务能力强的师资队伍是新时代将制度自信培养融入自信教育全过程工作的重要条件。加强教师荣誉体系建设能促进青少年自信教育积极发展。

一、建立结构完善的制度自信教育师资队伍

师资队伍的思想认识高度和业务素质水平直接影响制度意识培养融入自信教育的全过程。教师对制度的认知和践行程度越高，学生对制度的认知和践行程度相应也会越高，对制度自信也就越认同。因此，建立专兼职结合、结构合理、业务能力强的师资队伍是将制度意识培养融入自信教育全过程的重要条件。要鼓励教师积极加强自身理论学习和培训学习，不断提高自身业务素质，发挥言传身教的作用，有效传授制度自信培养知识。要为青年教师提供参观学习、调研培训等实践机会，通过有效的社会实践，着力提升师资队伍的个人修养及业务素质，从而为民众和青少年制度自信培养奠定坚实基础。要根据教师和学生的实际情况合理配置制度自信教育专兼职教师，保证教师能够有充足的时间和精力开展相关教学工作。教师要注重提高个人思想政治素质和业务水平，在教学工作和日常生活中争做拥护和维护制度的先行者、示范者，用优良品质和强大的人

格魅力感化学生。要重点关注青年教师和学科带头人的培养，加强对重点教师群体的关注和培养。帮助他们提升教学技能的过程也是促进制度自信培养水平提高的过程。学科带头人可以发挥带头作用，在本学科领域内带动全体教师提高教学技能，增加自身业务素质，不断深入学习中国特色社会主义理论，为更好地开展制度自信培养教育做充分准备。

二、加强制度自信教育教师培训体系建设

制订好制度自信教育培训计划，建立起培训体制，健全多层次培训体系，从而形成多渠道、多方面的培训格局，实现队伍政治和业务素质的提高。我们处于终身学习的社会当中，对教师的知识更新、教育方法的改进提出了更高的要求。教育行政部门需要对教师的再学习实现制度化，以适应制度自信教育培养的内容理论性强、内容更新快的需要。建立全社会的制度自信教师培养体系，做好阶段培训和跟踪培训工作，将理论学习和教学实践相结合，加强社会实践。社会主义教育中对教师进行多种类、多层次、多途径的培训是推动中国特色社会主义制度自信融入学生思政课教学的重要举措。运用好教师培训的各项资源，如教学研讨、社会调研、进修访学等形式，全方位地提高制度自信培养教师群体的综合素质和业务能力。根据高等教育和中小学教育进行分层分类教师培养，用中国特色社会主义理论最新成果教育引导教师，坚持正确政治方向，在事关政治原则、政治立场和政治方向的重大问题上与党中央始终保持一致，对国家制度要真学、真懂，再真信、真教，在实践中以身作则，恪守教师职业道德，在言传身教中培养学生制度自信意识。

三、加强教师制度自信教育荣誉体系建设

教师荣誉感是激励教师持续追求专业成就的内在驱动力。教师的荣誉感对其教书育人职业责任感生成、维持和强化具有重要作用。[①] 教师作为青少年课堂教育的主导者，将思政教育融入知识传播和立德树人中，肩负着社会主义教育的重担，必须在坚持正确政治方向的基础上加强中国特色社会主义制度自信教

① 卢晓中，谢静.大学教师荣誉制度与荣誉体系刍议[J].江苏高教，2017(11).

育。在这一过程中，可以以赛促学、以赛促教，将教师队伍中理论宣传的先锋、言传身教的模范进行挖掘，将讲台上涌现的德高身范典型事迹进行总结和宣传。[①] 鼓励在校园中营造制度自信的浓厚氛围，保证师生意识形态方向的正确性。对于在制度自信教学中有着突出成绩，或是获得卓越成效，或是取得优异成果的教师，要以精神奖励为主，物质奖励为辅。这样既能鼓励教师在追求荣誉奖励的过程中体会到立德树人的乐趣，在日常教学工作中回归崇文重教的氛围，又能让开展中国特色社会主义制度自信教育成为校园风尚，即师生共学中国特色制度优势，营造校园制度自信教育学习氛围，并以荣誉体系建设推进自信教育学习。

第四节　促进青少年自我教育意识

一个国家的历史传承、文化传统、经济社会发展水平决定着一个国家的制度和体系，这个制度和体系也须由这个国家人民自己选择。[②] 历史实践证明，在中华大地上，中国特色社会主义制度经过炮火和历史检验，具有无可比拟的优越性。要完善这个制度，只有通过坚定的制度自信，在青少年中构建制度自信教育体系，促进其自我教育意识的养成，进而形成自我学习的习惯与能力，激发制度自信教育的蓬勃活力，让青少年从心底里认可中国特色社会主义制度。

一、加强校内校外联动，构建制度自信教育“大环境”

我国在脱贫攻坚、抗击新冠肺炎疫情等实际工作中所取得的成就，不仅让中国特色社会主义制度的优越性得到了全面彰显，也为开展制度自信教育提供了一大批鲜活生动的制度自信教育素材，让广大青少年明白中国特色社会主义制度是当代中国发展进步的根本制度保障。我们要通过全方位地挖掘与宣传中国特色社会主义制度在国家建设，尤其是抗击新冠肺炎疫情中所体现的无可比拟的优势，弘扬爱国主义传统，坚定制度自信意识，持续增强青少年对制度效能的

① 岳韵竹.疫情防控下大学生制度自信的有效培育和建构[J].厦门城市职业学院学报，2021，23(1).

② 杜秀娟，王畅.在抗疫教育中增强青年学生“四个自信”[J].人民论坛，2021(9).

感知力，对自信教育的“大环境”进行情感认同。同时，对青少年的制度自信教育不能仅仅依靠学校，需要充分发挥学校、家庭、社会三方合力，用好社会与实践“大思政课”课堂，让制度自信教育与现实紧密联系、与实践充分互动，与时代同频共振，从而增强制度自信教育的思想性、亲和力与针对性，让制度自信教育落地生根。

网络媒体的快速发展为制度自信教育下的学校、家庭与社会联动，理论与实践互动提供了新形式。我们要以学校为枢纽，打造社区化制度宣传队伍，吸引社区内各类群众共同参与到自信教育中；采取适合各年龄段、各行业、不同文化程度的宣传教育方式，方便不同群体理解的同时加强融媒体的参与；举办制度教育宣传活动，辅以短视频、微电影、动画等新形式传播手段；将网络问卷调查、大数据抓取等引入社会调查，①倾听各群体心声，及时纠正民众错误认识，为新时代制度自信教育发声，在促进社会和谐的同时拉近与人民群众的距离。通过学校、家庭与社会共建，用好校内外一切资源，营造制度自信“大环境”。

二、清晰描绘制度发展前景，坚定制度自信教育美好信念

通过制度自信教育，让青少年坚信，在中国共产党的领导下，中国未来发展光明而美好。青少年是未来国家建设的生力军，对未来充满期待和希望。在开展制度自信教育时，要求真务实，注重实效，善于用事实说话，进而向青少年描绘国家富强、民族独立和制度自信的美好前景与蓝图，以“两个一百年”奋斗目标为重点引导青少年畅想和憧憬未来，从而增强青少年对中国特色社会主义制度未来发展的坚定信念。

让全党全国各族人民了解中国特色社会主义制度为什么“能”、为什么“行”、为什么“好”的问题，需要全党全社会共同努力，制度总是随着经济社会的快速发展而不断发展和完善，随着中国改革开放的持续推进深入，我们面临的挑战相较以往更加严峻，意识形态的竞争更加激烈，对于制度自信的教育宣传需求也更加迫切。强化爱国思想，领悟制度优势，要清晰描绘制度发展前景，坚定制度自信教育美好信念，让以人民为中心的发展思想贯彻在发展中，满足人民群众对美好

① 谢珍萍，邵雅利.思政课实践教学培育大学生制度自信探究[J].学校党建与思想教育，2021(8).

生活的向往，进而实现中华民族伟大复兴的历史使命。要将我们的国家制度优势转化为国家治理效能，擘画发展前景，引导各族人民树立主人翁的身份意识，认可中国特色社会主义制度，认定中国共产党，坚信目标一定能实现，一心一意为实现民族复兴伟业而做出伟大贡献。

三、把握自信教育内容，鼓励青少年投身自信教育宣讲

讲好中国制度故事，有利于当下青少年自我教育意识养成。改革开放以来，中国特色社会主义取得的伟大成就令世界瞩目。中国处于近代以来最好的发展时期，越是在这个节点，外部环境复杂多变，意识形态斗争愈加激烈，对制度自信的宣传越要乘势而上，尤其在青少年制度自信自我教育意识养成中，要鼓励青少年讲好中国制度故事，捍卫国家制度，坚定制度自信，不断提升我国制度软实力。[①] 积极鼓励支持青少年加入制度自信教育宣讲团，以亲身感受为主要宣讲内容，以中国共产党成立以来的苦难辉煌发展为宣讲主题，以中国特色社会主义为理论基础，以珍惜现在得之不易的幸福生活拉近听众距离，筑牢中国特色社会主义制度自信的民众基础，让青少年在自信教育宣讲中养成自我教育意识。

青少年宣讲团的青春活力对于青少年制度自信教育宣传极其重要。他们作为同龄人更了解在青少年中该怎么推广自信教育。可以通过组建青少年宣讲团，通过微信公众号、微博、短视频等平台推出主题宣讲素材，以接受率高、普及面广的宣传方式让宣讲者与听众共同领悟，把制度自信宣讲工作做得更加实在。宣讲时要将故事性与理论性相互融合，把同龄人感兴趣的内容进行整理，讲述中国优势，做到入情入理，既有理论深度又有趣味度，让宣讲走进生活，贴近实际，进而得到更好的制度自信教育效果。

---

① 李家祥.制度自信的生成逻辑与国家制度软实力的提升[J].科学社会主义，2020(4).

附录:实践案例

◎ **制度自信教育融入思政课案例**

通过新冠肺炎疫情的考验彰显中国制度优势[①]

——高校战“疫”思政课创新制度自信教育

一、战“疫”思政教育的内涵

在新冠肺炎疫情大考验面前,我国在较短时间内基本实现了疫情的可防、可控,取得了疫情防控阻击战的重大战略成果,无论是党的领导所起的关键作用、思想力量所起的引领作用,还是国家力量所起的基础性作用、人民力量所起的决定性作用、道德力量所起的激励作用,都充分体现了“全国一盘棋”的中国特色社会主义制度所具有的显著优势与强大生命力。

疫情在挑战国家、社会以及个人日常生活秩序的同时,也是立体化、多向度地上好制度自信教育时代大课的绝佳契机。实践是检验制度最好的试金石。党的领导、人民当家作主与依法治国有机统一,在新冠肺炎疫情防控工作中得到充分展现,其所形成的合力是中国特色社会主义制度应对国内外各种严峻复杂局势的制胜法宝。战“疫”思政有助于加强制度自信教育的感召力和现实感,进而将具有国家治理特色与民族优势的思政教育契合进国民的日常生活中,勉励国民在全民抗疫行动中践行制度内涵,勇行家国担当,学会将“小我”融入“大我”,将“自转”纳入“公转”,深化制度自信教育的实效,全面提升国民的思政素养。

---

① 资料来源:教育部网站、各高校门户网站、学习强国平台等。

二、全国大学生同上一堂思政大课

2020年3月9日，清华大学艾四林、中国人民大学秦宣、北京师范大学王炳林、中央财经大学冯秀军四位教授在线“云”开讲，千万高校师生通过各种方式收看了这场由教育部社会科学司和人民网共同举办的“现象级”思政课。据统计，当日共有5027.8万人次观看了在线直播，相关网站、客户端、社交媒体访问量达1.25亿人次。3月9日直播结束至3月10日16:00，累计回放点播量达3467.7万。本次思政大课结合“马克思主义基本原理概论”“毛泽东思想和中国特色社会主义理论体系概论”“中国近现代史纲要”“思想道德修养与法律基础”四门必修课教学内容，旨在解读以习近平同志为核心的党中央关于疫情防控的决策部署，分析中国抗疫彰显的中国共产党领导和中国特色社会主义制度的显著优势，讲述防疫抗疫一线的感人故事，教育引导学生传承和弘扬爱国主义精神，坚定中国特色社会主义的道路自信、理论自信、制度自信、文化自信。

（一）复旦大学

复旦大学党委牢抓“党的领导是战胜疫情的根本保证”这一主线，积极推进“互联网＋党建”工作模式创新，建强网络阵地，加强对党员师生的思想政治引领，大力推进网上党校建设，在党建学习平台微信公众号推送战“疫”专辑课件47期、共259篇；推出“国家治理体系和治理能力现代化”等5集战“疫”特辑视频“微党课”，并组织多位党员专家教授分别围绕中国制度、全球应对等主题为学生党员授课，以深度的互动提升制度自信教育说服力，阐明党的领导和中国特色社会主义的制度优势和共建人类命运共同体的大国担当；与抗疫现场连线，使广大党员与先进模范人物“面对面”，将抗击疫情中的先进事迹转化为党性教育、制度自信教育的生动素材。

（二）北京航空航天大学

北京航空航天大学党委成立马克思主义学院“战‘疫’”系列专题备课组，引导青年学生在疫情特殊时期深刻认识中国共产党领导和中国特色社会主义制度的显著优势，增强“四个意识”、坚定“四个自信”、做到“两个维护”。马克思主义学院副教授刘娜娜通过视频主讲“疫情初期国外媒体报道中国抗击疫情的三种面孔”，通过国际的横向对比，促使“00后”大学生读懂了中国自信。学生感言：“我看到了中国人民同舟共济打赢这场疫情阻击战的信心，这种信心和底气来自我们的制度优势。”“疫情大考体现了中国特色社会主义制度的显著优势，让全世界看到了中国的大国责任、大国担当和大国情怀。我们青年一代需肩负起使命与责任，让青春在党和人民最需要的地方绽放。”

（三）北京化工大学

北京化工大学党委聚焦“有政治高度”“有情感温度”“有内容广度”“有创新力度”，结合学校行业特色，用好鲜活战“疫”教材，将科学精神、科学家精神融入教学，通过在线直播、“云端”访谈、小班研讨等形式，采用参与式、体验式、互动式的教学方法，借助新媒体、融媒体等接地气的载体手段，开展网络征文与书画、微视频征集等网络作品创作活动，让青年学生变成课堂的“主人翁”，使战“疫”思政课“活起来”。引导青年学生正确认清世界和中国发展大势，正确认识中国特色和国际比较，正确理解中国共产党领导和中国特色社会主义制度的显著优势，从而进一步深刻认识和把握中国共产党为什么“能”、马克思主义为什么“行”、中国特色社会主义为什么“好”，切实增强道路自信、理论自信、制度自信、文化自信。大力弘扬“中国精神”，体会“中国之治”的显著优势，探索“中国之治”的内在智慧。

（四）华中师范大学

华中师范大学马克思主义学院通过导师工作机制，利用网络云平台采取在线教学的形式，邀请已经走上各自工作岗位的中小学思政课教师一道，以“大中小学思政课一体化战‘疫’”为主题，研讨各学段在思政课教学中做好学生心理疏导、政策宣传、学科教学等工作的途径，共上大中小学一体化思政课战“疫”公开课。经过集体备课，罗印老师在高中思政课中讲授《发展社会主义市场经济》，采用“雷神山”“火神山”建设案例，阐释社会主义市场经济能够发挥集中人力、物力、财力办大事的优势，讲实党中央始终坚持以人民为中心的发展理念，引导学生增强“四个自信”；申玉军老师结合高中《政治生活》“发展社会主义民主政治”内容，更好地让学生了解中国特色社会主义制度的巨大优势，促使学生在为“火神山”工程奇迹感到自豪的同时，自然得出这些成就得益于中国集中力量办大事的制度优势、得益于中国共产党的领导、得益于我国经济领域以公有制为主体的优越性，进一步坚定“四个自信”，让政治认同核心素养落地。此外，大中小学思政课以全国上下齐心协力抗击疫情的重大举措、感人事迹、生动故事为主线，结合各学段教学内容对不同年级学生开展有针对性的教学，教育引导学生弘扬爱国主义精神，增强中国特色社会主义道路自信、理论自信、制度自信、文化自信。

（五）南昌大学

南昌大学校党委积极落实高校领导“双体验日”活动。党委书记喻晓社参加主题班会，以“认清疫情大势，读懂中国‘答卷’，在战‘疫’中上好人生大课”为主题，围绕当前疫情大势、中国抗疫“答卷”、战“疫”中的南昌大学人等内容，分享了自己的学习体会和在工作实践中的体验，寄语青年学子坚定信心、砥砺奋进，以实际行动，将个人前途与国家命运结合起来，共同打赢疫情防控阻击战。主题班会上，南昌大学新闻 181 班全班同学分组交流了疫情期间所关注的新闻热点、新闻事件、新闻人物，与喻老师就自己对疫情的思考及返校复学以来的感受展开了热烈讨论。南昌大学新闻 181 班的学生们说：“在战‘疫’的这堂人生大课中，我们坚定了爱国报国的信仰，感恩奋进的信条，学会在危机中学习、反思、铭记，与国家、社会和人民同频共振。我们将珍惜在校学习的大好时机，努力将疫情危机转化为成长契机，为疫情防控常态化贡献青春力量。”

（六）天津持续推进思政课教育

天津市教育两委在组织生态文明“开学第一课”、邀请张伯礼院士主讲“抗疫第一课”、打造抗疫系列专题课等活动基础上，持续深化延展抗疫思政课系列工作，连续推出了专家教授团、医务人员报告团、思政名师公开课、网络视频课 4 个系列的抗疫思政课宣讲活动；启动高校大学生思想政治理论课公开课大赛活动，收到全市 50 余所高校报送的约 200 个参赛课程，涌现出了《百年党史的前进密码，战“疫”史上的通关解码》《病虐桀桀危亡处，吾心灼灼护国安》《青春与奋斗同行：致那些负重前行的背影》等一大批学生深刻分析抗疫精神的参赛作品。

除了在课堂主渠道紧抓抗疫精神宣传教育之外，天津市教育两委还将抗疫精神融入思政课教材体系，由全市各高校 100 余名优秀思政课教师组建了 7 个编写专班，集中编写 7 本覆盖高校全部思政课的“习近平新时代中国特色社会主义思想‘三进’教学指导方案”，将抗疫故事、抗疫人物、抗疫精神，特别是具有天津特色的抗疫事迹全面融入思政课教学，目前已完成 112.1 万字的编写工作，包括了 137 个抗疫故事、343 个案例和先进人物。天津市教育两委还将抗疫精神融入日常思想政治教育活动。自 2020 年 7 月 15 日起至 2020 年底，聚焦抗疫精神在全市大中小学深入开展爱国主义教育，充分运用学生喜闻乐见的形式，让广大学生在“最美逆行”故事的感动中体会制度优势、中国精神，在心灵的洗礼中不断坚定理想信念、树立正确信仰。

◎ 制度自信教育融入实践活动案例

小委员参政议政忙[①]

——从青少年模拟政协看“参与式”制度自信教育的实践探索

一、项目概况

全国“青少年模拟政协”活动是“参与式”制度自信教育走出课堂的实践探索与创新发展。模拟政协活动始创于2012年,以高中生为参与主体,通过模拟人民政协提案的形成、体验人民政协的组织形式和议事规则助力广大青少年深入了解和体会中国特色社会主义制度,进而涵育青少年“四个自信”,增强“四种意识”,提升“四大素质能力”,在课外技能拓展与实践创新中培育砺志笃学的社会主义接班人,落实立德树人根本任务。

二、项目特色

全国“青少年模拟政协”活动是青少年思想政治教育工作的新形式,为广大中学生搭建了参政议政的跨界实践平台,有效推动了青少年制度自信教育的贯彻落实。模拟政协活动跳出了中学政治课程止步于课本、局限于课堂的应试教育模式,引导学生亲身参与、系统体验“确定选题、调查研究、撰写提案、听证辩论”等步骤,以此训练青少年有组织、有计划地掌握调查、分析、研究、展示、演说和辩论的能力,在对话政策、对话同伴、对话政要的过程中关注国计民生,亲身体验国家的政治运作和民主发展;培育制度自信意识,切实感受中国特色社会主义制度的主体优势,进而在潜移默化中涵育家国情怀、学会承担公民责任。

三、项目成效

2012年以来,模拟政协活动影响日益扩大,迄今已有300多所中学3000余名学生参与。每年各省市两会召开前,全国青少年模拟政协活动最佳提案都会通过政协委员提交省市两会,继而提交全国政协大会。

① 资料来源:人民政协网、《中国青年报》等。

2015 年的北京高考政治试卷以“首届全国青少年模拟政协比赛”为素材，考查高中生对我国政治协商制度的理解和认知，成为由模拟政协活动衍生出的制度自信教育高考首秀。

2018 年全国政协委员向全国两会代表提交的 5 份提案均由第四届“全国青少年模拟政协活动”中产生，内容涉及社会热点话题。这也是中学生跳出政治课本、参与社会建设、增进制度自信、践行社会责任的有力尝试。

2018 年高考政治试题再次吸纳了北京一零一中学“模拟政协”《关于建立京津冀地区城乡中小学图书流动机制的提案》，作为积极推进模拟政协活动的中学代表，一零一中学于 2016 年成立“模拟政协”社团，并开设“模拟政协”选修课等多种形式的教育活动，引导学生深入社会开展调研，唤醒学生的责任意识，提升学生的核心素养。

2019 年第六届“全国青少年模拟政协活动”共有 1.1 万名青少年报名参加，推荐 1884 件模拟提案作品参与全国评审，内容涉及经济发展、民生保障、文化事业、生态环保、青少年成长发展等多个领域。全国大赛中来自全国 77 所学校的 500 多名学生代表提出 82 份提案，直击社会“热点”“痛点”，比如垃圾分类治理、未成年人心理关怀、网络安全防治、养老护理体系建设等。借鉴人民政协会议的形式，通过小组讨论、新闻发布、视频材料展示、问题答辩等形式对提案进行集中展示，并将最佳提案提交至全国政协。有效引导青少年了解并有序参与国家政治生活，在实践中感悟中国特色社会主义制度优势、增强制度自信。

2019 年 9 月，《人民政协报》和其网络平台等推出首款全国网络议政新媒体平台“假如我是委员”，致力于引导青少年网民以虚拟政协委员身份，体验委员履职，学习政协知识，围绕经济社会、民生热点等问题开展调研、讨论，反映社情民意，提交虚拟提案，在实践中增强对社会主义协商民主的感性认识，进而树立“四个自信”，把制度自信的种子播撒进广大青少年的心灵。

2020 年，团中央维护青少年权益部邀请部分全国比赛中获奖的青少年参加 2020 年团中央“面对面”集中活动，与全国人大代表、全国政协委员交流座谈；同时，鼓励各地推荐活动中表现突出的青少年列席同级政协会议，以增强他们对社会主义协商民主和制度优势的感性认识，进一步深化青少年的制度自信与家国担当，夯实“参与式”制度自信教育的阶段性成效。

◎ 制度自信教育融入实践活动案例

走进人大,走近中国式民主[1]

——在实践中体验“人民当家作主怎样通过制度来实现”

一、项目概况

青年学子作为国家未来的接班人和建设者,其理想信念的坚定和自信与社会价值体系的长远发展息息相关。上海市人大常委会从2006年起推出以大、中学生为主要参与对象的“走进人大”主题活动,每次活动约两小时,由人大制度、人大工作和会议厅功能介绍,《走进上海人大》电视宣传片观看、常委会会议审议模拟等多项内容组成,旨在加强人民代表大会制度的普及与宣传,让更多的市民,特别是大、中学生了解人大及其常委会的常规工作,进而了解我国的根本政治制度,增强公民意识、民主意识和法治意识,提升制度自信力与社会责任感。

二、项目特色

“走进人大”主题活动始终强调“以学生为中心”,鼓励参与者通过亲身感受和实际模拟认识人大制度的民主内涵、功能意义和社会价值。模拟常委会会议的议题大多由参与者自己征集、归纳产生,并通过调查、走访、查阅资料等途径撰写议案和决议草案。该形式引导通过创设“人大全过程”,促进学生在体验参与的过程中增进对中国特色社会主义制度的观察、思考、认知和接纳,感悟人大制度的强大的生命力和优越性,潜移默化间形塑制度自信,回应“培养什么人、为谁培养人、如何培养人”的教育命题。

三、项目成效

2006年2月,上海市东中学81名高三学生走进人民大道200号人民大厦,成为“走进人大”第一批亲历者。此后,上海市人大常委会陆续组织复旦附

① 资料来源:东方网教育频道、上海大学新闻网等。

中、市北中学、大同中学等九所中学和华东师大、上海社科院研究生院、交大医学院等高校的师生加入“走进人大”，开展校庆主题活动，组织学生书写心得体会并汇编成册，将现场录像刻制成DVD作为政治课程的辅助材料。复旦附中和上海中学还组织同学校内开展模拟人大常委会会议活动并形成系列，通过请人大代表作报告，举办征文、演讲比赛和模拟常委会会议，宣传人大制度、人大工作，反响很好。

从2008年起，上海大学人才学院每年举办“走进人大”活动，组织学生开展社会调研、遴选正式议题进行模拟审议，业已成为在教育改革过程中创新人才培养模式的实践平台、在高等教育大众化教育背景下培养精英人才的重要载体。2010年，上海大学思政课名师顾晓英作为主持人，对上海市人大法制委员会副主任委员、常委会副秘书长、培训工委主任朱言文进行了访谈，以“项链模式”的形式寓教于学，让思政课一步步“走进人大”。十余年来，同学们渐渐地从人大机关运作的好奇者蜕变为推进中国特色社会主义民主政治发展的参与者。上海市人大常委会培训中心的杨建国认为，“走进人大”不仅让学生亲身感受到中国民主政治的发展，更是改革开放40年，中国特色社会主义民主政治制度的优越性体现，充分展现了我们的制度自信。

上海市十三届人大常委会以来，“走进人大”从最初的大、中学生不断拓展至乡镇人大代表、普通市民、党派人士、港澳台同胞、外国友人等社会多个层面、多种身份的公民；上海市十四届人大常委会以来，“走进人大”尝试将控烟条例、养犬管理条例、职代会条例等面向社会征求意见的地方性法规交给参与者讨论，其合理建议经归纳整理形成市民意见，提交市人大常委会法工委作为立法参考，为常委会了解民意拓宽了渠道。2019年9月，上海市人大外事委员会、上海欧美同学会哈佛大学校友会共同举办“外国学生看上海——走进人大”活动，来自美国、西班牙、芬兰、韩国等10个国家近50名在沪学习的外国大学生走进人大；2019年5月，面向基层农村，上海市人大常委会机关党委的结对帮扶单位——南汇区泥城镇新泐村的180名党员和村民代表“走进人大”；2018年7月，来自上海市行知实验中学、卢湾中学、延安初级中学、立达中学、西延安初级中学及上外附小等多所学校的近百名中、小学生参与“走进人大”主题活动；2018年6月，上海市十五届人大常委会举行“外国驻沪总领事走进人大活动”,27 个国家驻沪总领事(副总领事)了解中国人大制度和上海人大工作的基本情况。

“走进人大”活动开展至今,参与活动的组织或团体持续丰富活动形式、深化活动意涵,已然演变成为探索中国政治体制发展的敲门砖。依托“参与式”的创新形式,“走进人大”成为不断深化中国特色社会主义制度自信教育、探索制度自信教育融入国民教育全过程的有效路径。

◎ **制度自信教育融入文化育人案例**

《中国制度面对面》出版发行[①]

——讲好中国制度故事，创新制度自信教育

一、主要内容

日前，中央宣传部理论局组织撰写、发行了2020年“理论热点面对面”系列读本之《中国制度面对面》。该书以习近平新时代中国特色社会主义思想为指导，紧密联系新时代中国特色社会主义制度建设实际、干部群众思想实际，从理论阐释、新闻视角、问题意识、语言特色、历史纵深、国际视野等维度，深入浅出地回答了中国特色社会主义制度是怎么来的、中国特色社会主义制度为什么好、中国特色社会主义制度如何行稳致远等16个重大问题，并将制度自信红线贯穿全篇，展现了中国特色社会主义制度的丰富内涵、显著优势和强大生命力，是深化人民群众对中国特色社会主义制度的自觉认同、根植国民制度自信的绝佳读本。

二、创新形式

《中国制度面对面》以创新的方式和方法讲好中国制度故事。我们从书中不仅读出满满的自信，而且读出强烈的责任感和使命感。具体表现为：

（一）以事释理，以例释义

该书联系历史和现实，以历史开篇，摆事实讲道理，用大量的实例和数字说话。如从十九世纪三四十年代欧洲发生的“三大工人运动”讲起，深刻阐述了党的领导发挥的定海神针作用，回应党的领导制度体系为何摆在首位的问题；列举的抗击疫情、脱贫攻坚、民生保障等实践，援引实例够新、够全、够实，将制度自信的种子深植于人民群众的心里，充分彰显了中国之“治”的优势，中国之“制”的力量。

① 资料来源：《人民日报》《光明日报》、求是网、学习强国平台等。

（二）事论图文，线上线下

该书以 16 句诗引出 16 个问题，引人入胜，匠心独运；援引大量古代诗词、名言警句、俗语民谣，寓意深刻，博大精深；运用采访和链接等叙述方式，精心编制知识链接、“云热评”、权威声音、特别关注、直播现场、在线答疑等 131 个资料栏目，“无声”也“有声”、入脑又入心。

（三）多用修辞，可读性强

文风清新简洁，形式生动活泼，善于运用对比、举例、借喻等修辞方法，可读性较强；章首配有语言鲜活、有思想力度的导言，提升了哲理性和艺术感；文中插有照片、图表，设置了扩展知识的诸多栏目，辅之微视频和深度阅读的扫码链接，便于读者学习，给人更好的阅读体验。

（四）配套演绎，时代感强

为适应新的网络传播方式和读者阅读习惯，纸质书同时配套有声书和 16 集动漫微视频。以拟人化的制度大家庭群像，通过角色化演绎、故事化表达、场景化呈现、趣味化展示，展现中国特色社会主义制度的内涵和优势，更适合移动互联网时代的阅读习惯，为理论读物赢得更年轻、更有活力的读者群。

三、创新内涵

《中国制度面对面》既讲“是什么”又讲“为什么”，既讲“怎么看”又讲“怎么办”，讲出了新意，道出了深度。通过对每一个制度的核心意义、重要作用、关键要点提纲挈领地分析解读，把中国制度故事讲得入情入理，将感性的认识提升为理性的见解，凝聚为普遍的共识，使人们能够真正搞清楚各方面制度的内涵要义。该书生动诠释了中国特色社会主义制度就像一棵参天大树，国民的制度自信正是贯穿这棵大树的根脉，是对自己国家制度的认同、坚守和捍卫。正如书中所述：“经过 40 多年的持续努力，中国特色社会主义制度大厦已经巍然耸立，制度优势充分彰显。我们相信，再经过 30 年的不懈奋斗，中国特色社会主义制度体系必将日臻完善、发扬光大，为实现中华民族伟大复兴开辟更加壮阔的康庄大道。”《中国制度面对面》的出版，是新时代制度自信教育创新方式的有力彰显，更为制度自信教育的提升路径指明了新的方向。

参 考 书 目

[1] 马克思恩格斯选集(第1卷)[M].北京:人民出版社,1995.

[2] 列宁选集(第1卷)[M].北京:人民出版社2012.

[3] 列宁选集(第3卷)[M].北京:人民出版社,1995.

[4] 列宁选集(第4卷)[M].北京:人民出版社,1995.

[5] 列宁全集(第43卷)[M].北京:人民出版社,1995.

[6] 毛泽东著作选读(下册)[M].北京:人民出版社,1986.

[7] 毛泽东选集(第2卷)[M].北京:人民出版社,1991.

[8] 毛泽东选集(第3卷)[M].北京:人民出版社,1991.

[9] 毛泽东文集(第2卷)[M].北京:人民出版社,1993.

[10] 毛泽东文集(第7卷)[M].北京:人民出版社,1999.

[11] 邓小平文选(第1卷)[M].北京:人民出版社,1994.

[12] 邓小平文选(第2卷)[M].北京:人民出版社1994.

[13] 习近平谈治国理政(第1卷)[M].北京:外文出版社,2018.

[14] 习近平谈治国理政(第3卷)[M].北京:外文出版社,2020.

[15] 习近平.在庆祝中国共产党成立95周年大会上的讲话[M].北京:人民出版社,2016.

[16] 习近平.决胜全面建成小康社会夺取新时代中国特色社会主义伟大胜利——在中国共产党第十九次全国代表大会上的报告[M]北京:人民出版社,2017.

[17] 中共中央文献研究室.十四大以来重要文献选编(上)[M].北京:人民出版社,1996.

[18] 中共中央文献研究室,中央档案馆.建党以来重要文献选编(第5册)[M].

北京：中央文献出版社，2011.

[19] 中共中央文献研究室.十八大以来重要文献选编（中）[M].北京：中央文献出版社，2016.

[20] 中国共产党第十九次全国代表大会文件汇编[G].北京：人民出版社，2017.

[21] 中共中央文献研究室.习近平关于社会主义政治建设论述摘编[M].北京：中央文献出版社，2017.

[22] 中共中央宣传部.习近平新时代中国特色社会主义思想学习纲要[M].北京：学习出版社、人民出版社，2019.

[23] 中国共产党第十九届中央委员会第四次全体会议文件汇编[G].北京：人民出版社，2019.

[24] 中国共产党第十九届中央委员会第六次全体会议文件汇编[G].北京：人民出版社，2021.

[25] 张闻天选集[M].北京：人民出版社，1985.

[26] 吕思勉.中国制度史[M].上海：上海教育出版社，2002.

[27] 周祖庠编著.中华国学纂言钩玄掌中珠·源泉篇[M].成都：西南交通大学出版社，2017.

[28] 毋不敬编著.重拾家规[M].北京：中国言实出版社，2016.

[29] 徐潜主编：中国古代典章制度[M].长春：吉林文史出版社，2013.

[30] 刘海年，杨一凡主编.中国珍稀法律典籍集成·乙编·第二册[M].北京：科学出版社，1994.

[31] 柯武刚，史漫飞.制度经济学：社会秩序与公共政策[M].北京：商务印书馆，2001.

[32] 郝建平.论中国共产党制度建设[M].石家庄：河北人民出版社，2007.

[33] 翁铁慧.大中小学课程思政一体化建设：整体架构与实施路径研究[M].北京：人民出版社，2020.

[34] 〔春秋〕孔子.论语[M].长沙：岳麓书社，2018.

[35] 〔春秋〕孙武.孙子兵法[M].上海：上海辞书出版社，2003.

[36] 赵清文译注.孟子[M].北京：华夏出版社，2017.

[37] 〔战国〕荀子.荀子[M].沈阳：万卷出版公司，2009.

[38] 〔战国〕曾参.大学[M].太原：山西古籍出版社，1999.

[39] 〔战国〕墨子.墨子[M].太原：山西古籍出版社，2003.

[40] 〔战国〕韩非.韩非子[M].太原：山西古籍出版社，2003.

[41] 〔战国〕商鞅.商君书[M].长沙：岳麓书社，2006.

[42] 〔汉〕戴圣纂辑.礼记[M].西安：西安交通大学出版社，2013.

[43] 〔东汉〕班固.汉书[M].北京：中华书局，1962.

[44] 〔唐〕房玄龄注，〔明〕刘绩补注.管子[M].上海：上海古籍出版社，2015.

[45] 〔唐〕魏徵.群书治要[M].北京：北京理工大学出版社，2013.

[46] 〔清〕张廷玉.明史(第 1 册)[M].长沙：岳麓书社，1996.

[47] [英]汤因比.历史研究(上)[M].曹未风等译.上海：上海人民出版社，1986.

[48] [美]罗尔斯.正义论[M].何怀宏，何包钢，廖申白，译.北京：中国社会科学出版社，1988.

后　　记

习近平总书记在庆祝中国共产党成立100周年大会上强调:“新时代的中国青年要以实现中华民族伟大复兴为己任,增强做中国人的志气、骨气、底气,不负时代,不负韶华,不负党和人民的殷切期望!”要增强青少年做中国人的志气、骨气、底气,最关键的就是要坚定青少年对中国特色社会主义制度的自信。我国正处于实现中华民族伟大复兴第二个百年奋斗目标关键时期,而当今世界正经历百年未有之大变局,新冠肺炎疫情的肆虐让国际形势更是变得错综复杂。如何立足中华民族伟大复兴战略和当前面临的新矛盾、新挑战,讲好制度自信故事,教育和引导青少年坚定制度自信,引领其成长为实现中华民族伟大复兴的先锋力量,是当前和今后教育工作亟须思考的重要时代命题。

青少年制度自信教育是我近年来研究和关注的重点。从2019年开始,我和课题组的同事们就开始从事有关制度自信教育的研究,也开展了相关国家社科项目,在上海、湖南与河南等地就如何通过大中小学思政课一体化建设加强青少年制度自信教育进行了广泛的调研,并发表了多篇文章。在研究中,我们发现如何结合新时代青少年的成长特点,讲好中国特色社会主义制度的优势,培养青少年的制度自信信念既意义重大又任务艰巨,既涉及思想政治教育,也涉及教育学和心理学范畴的内容。

为此,我们通过对照历史和现实,对比国内和境外的实践,通过理论和实践相结合,在基于新时代青少年个性特点的基础上,力求回答关于新时代青少年制度自信教育的三个主要问题,即青少年制度自信教育的重要意义、青少年制度自信教育的具体内容、青少年制度自信教育的有效路径。希望通过我们的探索,能吸引更多同仁一起关注青少年制度自信教育,共同推进我国青少年制度自信教育的有效发展,让更多青少年充分认识到中国共产党为什么“能”、马克思主义为什么“行”、中国特色社会主义为什么“好”，教育和引导广大青少年根植制度自信，立志把青春奋斗融入党和人民事业，成为社会主义事业的合格建设者和可靠接班人。

最近三年，我和华东师范大学的课题组成员们一直在开展有关青少年制度自信教育的相关研究。这些都为本书的写作打下了良好的基础，近年来的研究成果也在本书中得到了充分的呈现。本书的成功出版更是得到了华东师范大学课题组成员黄燕、王国英、王子蕲、崔海英、王可园、董盈盈、黄亚玲、翟贤亮等同志的智慧和专业支持。尤其是丁晓强教授在协助本人开展相关研究、稿件整体把关等方面做出了重要贡献。在此，衷心表示感谢！同时，也诚挚感谢学界其他学者在制度自信教育方面所做的研究，这些已有研究成果开拓了我们的思路，并为此书的撰写提供了重要的参考和借鉴。

新时代青少年制度自信教育是一个长期的复杂的系统工程，需要学校、家庭和社会等多方协同推进。我们奉献此书，除了与读者分享我们近年来的研究心得，最主要的还是希望能够抛砖引玉，吸引更多从事思想政治教育，尤其是制度自信教育的同行与专家们，就新时代青少年制度自信教育进行更深刻的阐释，并找到更多有利于提升新时代青少年制度自信教育的路径和方法。

王宏舟

2021 年 11 月

图书在版编目（CIP）数据

新时代青少年制度自信教育 / 王宏舟著. — 上海：上海教育出版社，2021.10
ISBN 978-7-5720-1165-8

Ⅰ.①新… Ⅱ.①王… Ⅲ.①中国特色社会主义 - 社会主义制度 - 青少年教育 - 研究 Ⅳ.①D621②G775

中国版本图书馆CIP数据核字(2021)第196687号

责任编辑 邹 楠
封面设计 蒋 好

新时代青少年制度自信教育
王宏舟 著

出版发行 上海教育出版社有限公司
官　　网 www.seph.com.cn
地　　址 上海市闵行区号景路159弄C座
邮　　编 201101
印　　刷 上海普顺印刷包装有限公司
开　　本 700×1000 1/16 印张 11 插页 1
字　　数 175 千字
版　　次 2021年11月第1版
印　　次 2021年11月第1次印刷
书　　号 ISBN 978-7-5720-1165-8/G·0914
定　　价 58.00 元

如发现质量问题，读者可向本社调换　电话：021-64373213